VATIKANISCHE MUSEEN

UNITED
BIBLE
SOCIETIES
WELTBUND
DER BIBELGESELLSCHAFTEN

PÄPSTLICHER RAT
ZUR FÖRDERUNG
DER EINHEIT DER CHRISTEN

Das GEMEISSELTE

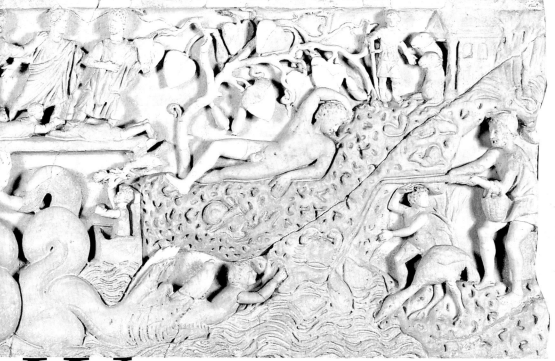

Wort

D1723298

Die Bibel
am Anfang der christlichen Kunst

Vatikanische Museen, Museo Pio Cristiano
29. September 2005 ~ 7. Januar 2006

Markus-Evangelium und der Prophet Jona
Gute Nachricht Bibel - interkonfessionelle Übersetzung

Besonderer Dank gilt dem Weltbund der Bibelgesellschaften (UBS), den Vatikanischen Museen, dem Päpstlichen Rat zur Förderung der Einheit der Christen und der Vatikanischen Apostolischen Bibliothek für die kostenlose Nutzung von Texten und Bildern und für unschätzbare Dienste bei der Vorbereitung dieses Buches. Der Dank geht auch an die großzügigen Spender von UBS, die dieses Projekt erst ermöglicht haben.

Diese Ausgabe

© 2005 Società Biblica Britannica & Forestiera
Via Quattro Novembre 107, 00187 Roma
tel. +39 06 699 41 416 ~ fax +39 06 699 41 702
www.societabiblica.it
info@societabiblica.it

© 2005 Direzione dei Musei Vaticani
00120 Città del Vaticano
tel. +39 06 698 83 332 ~ fax +39 06 698 85 061
www.vatican.va [_ Der Heilige Stuhl _ Vatikanische Museen]
musei@scv.va

Päpstlicher Rat zur Förderung der Einheit der Christen
00120 Città del Vaticano
tel. +39 06 698 83 072 ~ fax +39 06 698 85 365
http://www.vatican.va/roman_curia/pontifical_councils/chrstuni/index_ge.htm
office1@chrstuni.va

Die Gute Nachricht nach Markus und der Prophet Jona
Bibeltext: *Gute Nachricht Bibel*, durchgesehene Ausgabe in neuer Rechtschreibung
© 2000 Deutsche Bibelgesellschaft, Stuttgart
Ein Katalog mit Bibeln und Schriften zur Bibel ist zu beziehen bei:
Deutsche Bibelgesellschaft, Balinger Str. 31, 70567 Stuttgart
tel. +49 (0)711 7181-0
www.bibelgesellschaft.de
www.bibelonline.de
www.scholarly-bibles.com
Die Gute Nachricht Bibel ist eine gemeinsame Bibelübersetzung
im Auftrag und in Verantwortung von:
Deutsche Bibelgesellschaft (Evangelisches Bibelwerk)
Katholisches Bibelwerk e.V. Stuttgart
Österreichische Bibelgesellschaft
Österreichisches Katholisches Bibelwerk
Schweizerische Bibelgesellschaft
Schweizerisches Katholisches Bibelwerk

Text: „Die Bibel und frühchristliche Ikonographie" © 2005 Musei Vaticani
Bildern © Foto Musei Vaticani
Bildern S. 7, 57 © Biblioteca Apostolica Vaticana (Città del Vaticano)

Satz
Typo, Via Vicenza 8, Rome

Einband
Daniele Barletta

Druck
Officine grafiche Calderini, Ozzano dell'Emilia (Bologna)
August 2005

ISBN 88-237-3425-8

INHALT

DAS GEMEISSELTE WORT

Paulus schreibt an die Gemeinde in Korinth: »Ihr selbst seid mein Empfehlungsbrief! Er ist in mein Herz geschrieben und alle können ihn sehen und lesen. Für alle ist sichtbar: Ihr seid ein Brief von Christus, ausgefertigt und überbracht durch meinen Dienst als Apostel. Dieser Brief ist nicht mit Tinte geschrieben, sondern mit dem Geist des lebendigen Gottes. Er steht nicht auf Steintafeln, sondern in den Herzen von Menschen.« (2. Korinther 3,2-3). Das geschriebene Wort, das gehörte und geglaubte Wort wird vor allem seit dem dritten Jahrhundert zum dargestellten Wort, gemalt und in Stein gehauen. Mit Meißel und Bohrer erzählen anonyme Bildhauer biblische Geschichten, indem sie überlieferte christliche Motive aufgreifen und nach den Vorstellungen der Auftraggeber - darunter viele frisch Konvertierte - aus dem Marmor arbeiten. So sind die erhaltenen Funde ein lebendiger Widerhall vom Glauben des Gottesvolks, eine noch immer hörbare Stimme unserer ersten Geschwister in Christus.

Zum 40. Jahrestag der Verkündigung der dogmatischen Konstitution »Die Verbum« des Zweiten Vatikanischen Konzils - das Dokument, das am Anfang der interkonfessionellen Zusammenarbeit an der Bibel steht (vgl. DV 23) und das sich dafür ausspricht, allen Menschen den Zugang zur Bibel zu erleichtern (vgl. DV 22) - haben der Weltbund der Bibelgesellschaften (United Bible Societies), die Vatikanischen Museen und der Päpstliche Rat zur Förderung der Einheit der Christen im Museo Pio Cristiano die didaktische Ausstellung »Das gemeißelte Wort. Die Bibel am Anfang der christlichen Kunst« organisiert.

Für Christen sind Friedhöfe vorläufige, vorübergehende Aufenthaltsorte, wo die „Entschlafenen" darauf warten, dass Christus sie weckt. Auf christlichen Sarkophagen ist deshalb die Heilsbotschaft in Bildern dargestellt, die den Glauben und die Hoffnung aller Christen kundtun. Mit diesen frühesten christlichen Bildwerken beginnt eine lange Kunsttradition, die ihre Inspiration aus der Bibel schöpft.

Wir freuen uns, Ihnen die interkonfessionelle Gute Nachricht Übersetzung des Markusevangeliums und des Propheten Jona zu überreichen; viele der Funde, die Sie gesehen haben, zeigen Geschichten aus diesen beiden Büchern. die Bibel ist das heilige Buch der Christen - aller Christen. Für sie ist die Bibel nicht ein Buch rätselhafter Weisheit, sondern das Wort Gottes in Menschenwort (vgl. DV 13). Wir laden Sie deshalb ein, die Texte zu lesen in der Hoffnung, dass Sie Geschmack finden an der Frische und Originalität der biblischen Offenbarung. So wollen wir dazu beitragen, dass nicht nur die frühe christliche Kunst wiederentdeckt wird, sondern auch die Heilige Schrift, aus der diese wesentlich entspringt.

Pfarrer Miller Milloy   Kardinal Walter Kasper
Generalsekretär   *Präsident des Päpstlichen Rates*
von United Bible Societies   *zur Förderung der Einheit der Christen*

Francesco Buranelli
Direktor der Vatikanischen Museen

Das Markus-Evangelium

EINFÜHRUNG
INS MARKUS-EVANGELIUM

MERKMALE »Evangelium« ist ursprünglich ein griechisches Wort mit der Bedeutung »Ankündigung, gute Nachricht«. Im Lauf der Zeit wurde daraus die Bezeichnung für einen kurzen Bericht über das Leben Jesu. Einer der beiden Teile der Bibel, das Neue Testament, enthält u.a. vier Evangelien, welche die überlieferten Namen ihrer Autoren tragen (Evangelium nach Matthäus, Markus, Lukas und Johannes).

Das Markus-Evangelium ist im Erzählstil geschrieben, aber nicht wie eine simple Biographie. Die erzählten Geschichten werden oft ohne wirklichen Zusammenhang aneinander gereiht, die Beweggründe der Hauptpersonen werden nicht vertieft. Die zeitliche und geografische Einordnung der Ereignisse ist eindeutig schematisch und es fehlt jeder Hinweis auf die Kindheit von Jesus. Dennoch ist ein historisches Interesse nicht zu übersehen: Zweifellos handeln die Szenen im Palästina des ersten Jahrhunderts, sie sind reich an konkreten, wirklichkeitsnahen Details. Jesus ist eine rätselhafte Person: ein wahrer und einfühlsamer Mann, ein Heiler, ein außergewöhnlicher Exorzist, ein von seiner Botschaft höchst überzeugter Prediger, unabhängig von den verschiedenen »Gesetzeslehrern« seiner Zeit und dennoch darauf bedacht, das Bekanntwerden seiner Worte und Taten zu beschränken. Jesus von Nazaret vermittelt seine Botschaft auf ungewöhnlich schlichte und inhaltsreiche Art durch Gleichnisse - er ist ein Meister dieses literarischen Genres.

»Wer ist er?« Explizit oder implizit begleitet diese Frage die ganze Erzählung. Die Antwort findet sich in der paradoxen Verknüpfung von Offenbarung und Verhüllung, von Macht und Schwäche. Jesu Lehre zielt auf diesen Akt des Glaubens: »Du bist Christus, der versprochene Retter« (Markus 8,29); »Dieser Mensch war wirklich Gottes Sohn!« (Markus 15,39). Es scheint als wolle Markus sagen, dass nur diejenigen, die beim demütigenden Tod Jesu dabei waren, wirklich glauben können.

ERSTE LESER Markus schreibt vor allem für nichtjüdische Christen, vielleicht schon für die Christen Roms. Sie kannten und verehrten Jesus als Herrn, hatten ihn aber nie persönlich erlebt oder gehört. Vielleicht besaßen sie eine unklare Vorstellung von dem Verhältnis zwischen dieser göttlichen Gestalt und dem Mann aus Nazaret, der etwa 40 Jahre zuvor gekreuzigt und vom Tod auferweckt worden war. Für sie hat Markus einige Erinnerungen über das Wirken Jesu in Palästina, von Galiläa ausgehend bis nach Jerusalem, gesammelt: die Heilungen, die Austreibung böser Geister, die Ansage der nahenden Gottesherrschaft, die Berufung und Unterweisung der Jünger, die Auseinandersetzung mit den religiösen Autoritäten, das Kreuzigungsurteil und sein Sieg über den Tod.

VERFASSER Das geschriebene Evangelium musste ein der Situation angepasstes und überzeugendes Dokument sein, das in der Lage war, ein umfassendes Verständnis von Jesus zu vermitteln und die Gefahren eines eher vagen und abstrakten Glaubens zu bannen. Damit schuf Markus ein Modell für viele andere christliche Augenzeugen des Anfangsgeschehens.

Wir wissen nicht, wer Markus ist, im Grunde ist das Evangelium anonym. Aber die modernen historischen Untersuchungen räumen den überlieferten Hinweisen eine gewisse Berechtigung ein: Der Autor soll jener Markus, genannt Johannes, sein (vgl. Apostelgeschichte 12,12 und 1. Petrus 5,13), der später Paulus und Barnabas auf ihren Missionsreisen begleitet (vgl. Apostelgeschichte 12,25 und 13,5) und schließlich in Rom als Assistent und »Dolmetscher« des Petrus wirkt. Hier kam er der Aufforderung nach, das Wesentliche der Lehre des Apostels niederzuschreiben, wie sie sich um 70 nach Christus entwickelt hatte. Sicherlich griff Markus auf Lehrinhalte zurück, die bereits feste Formen angenommen hatten. Vielleicht hatte er auch einige schriftliche Quellen zur Verfügung. Jedenfalls sind sich heute fast alle Gelehrten einig, dass Markus der erste war, der die Worte und Taten Jesu gesammelt in einer Lehrerzählung zusammenfasste.

Der Text des Markus ist literarisch nicht eindeutige strukturiert. Deshalb kann sein Inhalt unterschiedlich gegliedert werden. Folgende einfache Einteilung bietet sich an: GLIEDERUNG

Einleitung und erste Ereignisse in Kapernaum 1,1-45
In Galiläa 2,1-9,50
    Einige Auseinandersetzungen 2,1-3,35
    Gleichnisse und Wunder 4,1-5,43
    Lehre und Unverständnis 6,1-8,26
    Der Glaube und die Unterweisung der Jünger 8,27-9,50
Auf dem Weg nach Jerusalem 10,1-52
In Jerusalem: Lehre, Diskussionen, Schwierigkeiten 11,1-13,37
Leiden, Tod und Auferstehung 14,1-16,20

MARKUS-EVANGELIUM

WIE ES ANFING
[1,1]

In diesem Buch ist aufgeschrieben, wie die Gute Nachricht von Jesus Christus, dem Sohn Gottes, ihren Anfang nahm.

JOHANNES DER TÄUFER TRITT AUF UND KÜNDIGT CHRISTUS AN
[1,2-8]

Es begann, wie es im Buch des Propheten Jesaja angekündigt wurde: »›Ich sende meinen Boten vor dir her‹, sagt Gott, ›damit er den Weg für dich bahnt.‹
In der Wüste ruft einer: ›Macht den Weg bereit, auf dem der Herr kommt! Ebnet ihm die Straßen!‹«
Dies traf ein, als der Täufer Johannes in der Wüste auftrat und den Menschen verkündete: »Kehrt um und lasst euch taufen, denn Gott will euch eure Schuld vergeben!«
Aus dem ganzen Gebiet von Judäa und aus Jerusalem strömten die Leute in Scharen zu ihm hinaus, bekannten öffentlich ihre Sünden und ließen sich von ihm im Jordan taufen.
Johannes trug ein Gewand aus Kamelhaaren und um die Hüften einen Ledergurt; er lebte von Heuschrecken und dem Honig wilder Bienen. Er kündigte an: »Nach mir kommt der, der mächtiger ist als ich. Ich bin nicht einmal gut genug, mich zu bücken und ihm die Schuhe aufzubinden. Ich habe euch mit Wasser getauft; er wird euch mit dem Heiligen Geist taufen.«

JESUS LÄSST SICH TAUFEN UND WIRD AUF DIE PROBE GESTELLT
[1,9-13]

Zu dieser Zeit geschah es: Jesus kam aus Nazaret in Galiläa zu Johannes und ließ sich von ihm im Jordan taufen. Als er aus dem Wasser stieg, sah er, wie der Himmel aufriss und der Geist Gottes wie eine Taube auf ihn herabkam. Und eine Stimme aus dem Himmel sagte zu ihm: »Du bist mein Sohn, dir gilt meine Liebe, dich habe ich erwählt.«
Gleich danach trieb der Geist Gottes Jesus in die Wüste. Dort blieb er vierzig Tage und wurde vom Satan auf die Probe gestellt. Er lebte mit den wilden Tieren zusammen, und die Engel Gottes versorgten ihn.

JESUS BEGINNT SEIN WIRKEN
[1,14-15]

Nachdem man Johannes ins Gefängnis geworfen hatte, kam Jesus nach Galiläa zurück und verkündete im Auftrag Gottes: »Es ist so weit: Jetzt wird Gott seine Herrschaft aufrichten und sein Werk vollenden. Ändert euer Leben und glaubt dieser guten Nachricht!«

JESUS BERUFT VIER FISCHER ZU JÜNGERN
[1,16-20]

Als Jesus am See von Galiläa entlangging, sah er Simon und seinen Bruder Andreas, wie sie gerade ihr Netz auswarfen; sie waren Fischer. Jesus sagte zu ihnen: »Kommt, folgt mir! Ich mache euch zu Menschenfischern.« Sofort ließen sie ihre Netze liegen und folgten ihm.
Als Jesus ein kleines Stück weiterging, sah er Jakobus, den Sohn von Zebedäus, und seinen Bruder Johannes. Sie saßen gerade im Boot und besserten die Netze aus. Jesus rief sie, und sie ließen ihren Vater Zebedäus mit den Gehilfen im Boot zurück und folgten ihm.

JESUS ZEIGT SEINE MACHT
[1,21-28]

Sie gingen weiter und kamen miteinander nach Kafarnaum, und gleich am Sabbat ging Jesus in die Synagoge. Dort sprach er zu den Versammelten. Sie waren von seinen Worten tief beeindruckt; denn er lehrte wie einer, der Vollmacht von Gott hat – ganz anders als die Gesetzeslehrer.
In ihrer Synagoge war ein Mann, der von einem bösen Geist besessen war. Er schrie: »Was haben wir mit dir zu schaffen, Jesus von Nazaret?

Und ließ sich von ihm im Jordan taufen (Markus 1,9)

Die Taufe Jesu (Markus 1,9-11) auf einem einem Fries-Sarkophag,
um 300-325 n. Chr., Vatikanische Museen, Museo Pio Cristiano, Inv. 31542.

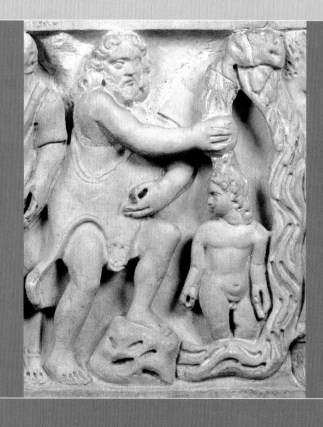

Du bist doch nur gekommen, um uns zu vernichten! Ich weiß genau, wer du bist: Du bist der, der an Gottes Heiligkeit teilhat!«

Drohend sagte Jesus zu dem bösen Geist: »Schweig und fahr aus von diesem Menschen!« Da zerrte der Geist den Mann hin und her und fuhr aus mit lautem Geschrei.

Die Leute erschraken alle und fragten einander: »Was hat das zu bedeuten? Er hat eine ganz neue Art zu lehren – wie einer, dem Gott Vollmacht gegeben hat! Er befiehlt sogar den bösen Geistern und sie gehorchen ihm.«

Wie ein Lauffeuer verbreitete sich die Kunde von Jesus ringsum in Galiläa.

JESUS HEILT DIE SCHWIEGERMUTTER VON PETRUS UND VIELE ANDERE MENSCHEN [1,29-34]

Sie verließen die Synagoge und gingen in das Haus von Simon und Andreas. Auch Jakobus und Johannes kamen mit.

Die Schwiegermutter Simons lag mit Fieber im Bett, und gleich, als sie ins Haus kamen, sagten sie es Jesus. Er ging zu ihr, nahm sie bei der Hand und richtete sie auf. Das Fieber verließ sie, und sie bereitete für alle das Essen.

Am Abend, nach Sonnenuntergang, brachten die Leute alle Kranken und alle Besessenen zu Jesus. Die ganze Stadt hatte sich vor dem Haus versammelt. Jesus heilte viele Menschen von allen möglichen Krankheiten und trieb viele böse Geister aus. Er ließ die bösen Geister nicht zu Wort kommen; denn sie wussten genau, wer er war.

JESUS ZIEHT DURCH GALILÄA [1,35-39]

Am nächsten Morgen verließ Jesus lange vor Sonnenaufgang die Stadt und zog sich an eine abgelegene Stelle zurück. Dort betete er.

Simon und seine Gefährten zogen ihm nach und fanden ihn. »Alle suchen dich«, sagten sie.

Jesus antwortete: »Wir wollen jetzt weitergehen, in die umliegenden Dörfer. Ich muss auch dort die Gute Nachricht verkünden, denn dazu bin ich gekommen.«

So zog Jesus durch ganz Galiläa, verkündete in den Synagogen die Gute Nachricht und trieb die bösen Geister aus.

JESUS HEILT EINEN AUSSÄTZIGEN [1,40-45]

Einmal kam ein Aussätziger zu Jesus, warf sich vor ihm auf die Knie und bat ihn um Hilfe. »Wenn du willst«, sagte er, »kannst du mich gesund machen.«

Jesus hatte Mitleid mit ihm, streckte die Hand aus und berührte ihn. »Ich will«, sagte er, »sei gesund!« Im selben Augenblick verschwand der Aussatz und der Mann war geheilt.

Sofort schickte Jesus ihn weg und befahl ihm streng: »Sag ja niemand ein Wort davon, sondern geh zum Priester, lass dir deine Heilung bestätigen und bring die Opfer, die Mose zur Wiederherstellung der Reinheit vorgeschrieben hat. Die Verantwortlichen sollen wissen, dass ich das Gesetz ernst nehme.«

Aber der Mann ging weg und fing überall an, von Jesus und seiner Botschaft zu erzählen und davon, wie er geheilt worden war. Jesus konnte sich bald in keiner Ortschaft mehr sehen lassen. Er hielt sich draußen in unbewohnten Gegenden auf; doch die Leute kamen von überall her zu ihm.

JESUS HEILT EINEN GELÄHMTEN [2,1-12]

Einige Tage später kam Jesus nach Kafarnaum zurück, und bald wusste jeder, dass er wieder zu Hause war. Die Menschen strömten so zahlreich zusammen, dass kein Platz mehr blieb, nicht einmal draußen vor der Tür. Jesus verkündete ihnen die Botschaft Gottes.

2

»Ich mache euch zu Menschenfischern« (Markus 1,17)

Fischer auf dem „Jona-Sarkophag", um 300 n. Chr.,
Vatikanische Museen, Museo Pio Cristiano, Inv. 31448.

Da brachten vier Männer einen Gelähmten herbei, aber sie kamen wegen der Menschenmenge nicht bis zu Jesus durch. Darum stiegen sie auf das flache Dach, gruben die Lehmdecke auf und beseitigten das Holzgeflecht, genau über der Stelle, wo Jesus war. Dann ließen sie den Gelähmten auf seiner Matte durch das Loch hinunter.

Als Jesus sah, wie groß ihr Vertrauen war, sagte er zu dem Gelähmten: »Mein Kind, deine Schuld ist vergeben!«

Da saßen aber einige Gesetzeslehrer, die dachten bei sich: »Was nimmt der sich heraus! Das ist eine Gotteslästerung! Nur Gott kann den Menschen ihre Schuld vergeben, sonst niemand!«

Jesus erkannte sofort, dass sie das dachten, und fragte sie: »Was macht ihr euch da für Gedanken? Was ist leichter – diesem Gelähmten zu sagen: ›Deine Schuld ist dir vergeben‹, oder: ›Steh auf, nimm deine Matte und geh umher‹? Aber ihr sollt sehen, dass der Menschensohn die Vollmacht hat, hier auf der Erde Schuld zu vergeben!«

Und er sagte zu dem Gelähmten: »Ich befehle dir: Steh auf, nimm deine Matte und geh nach Hause!« Der Mann stand auf, nahm seine Matte und ging vor aller Augen weg.

Da waren sie alle außer sich; sie priesen Gott und sagten: »So etwas haben wir noch nie erlebt!«

JESUS BERUFT LEVI
UND ISST MIT DEN
ZOLLEINNEHMERN
[2,13-17]

Dann ging Jesus wieder hinaus an den See. Alle kamen zu ihm und er sprach zu ihnen. Als er weiterging, sah er einen Zolleinnehmer an der Zollstelle sitzen: Levi, den Sohn von Alphäus. Jesus sagte zu ihm: »Komm, folge mir!«

Und Levi stand auf und folgte ihm.

Als Jesus dann in seinem Haus zu Tisch saß, waren auch viele Zolleinnehmer dabei und andere, die einen ebenso schlechten Ruf hatten. Sie alle aßen zusammen mit Jesus und seinen Jüngern. – Was die Zahl der Jünger betrifft: Es waren inzwischen viele, die sich Jesus angeschlossen hatten.

Die Gesetzeslehrer von der Partei der Pharisäer sahen, wie Jesus mit diesen Leuten zusammen aß. Sie fragten seine Jünger: »Wie kann er sich mit den Zolleinnehmern und ähnlichem Volk an einen Tisch setzen?«

Jesus hörte es und er antwortete ihnen: »Nicht die Gesunden brauchen den Arzt, sondern die Kranken. Ich bin nicht gekommen, solche Menschen in Gottes neue Welt einzuladen, bei denen alles in Ordnung ist, sondern solche, die Gott den Rücken gekehrt haben.«

DIE HOCHZEIT
HAT BEGONNEN
[2,18-22]

Es war an einem Tag, an dem die Jünger des Täufers Johannes und die Pharisäer fasteten. Da kamen Leute zu Jesus und fragten ihn: »Wie kommt es, dass die Jünger des Täufers und die Jünger der Pharisäer regelmäßig fasten, aber deine Jünger fasten nicht?«

Jesus antwortete: »Können die Hochzeitsgäste fasten, während der Bräutigam unter ihnen ist? Unmöglich können sie das, solange er bei ihnen ist! Die Zeit kommt früh genug, dass der Bräutigam ihnen entrissen wird; dann werden sie fasten, immer an jenem Tag.

Niemand flickt ein altes Kleid mit einem neuen Stück Stoff; sonst reißt das neue Stück wieder aus und macht das Loch nur noch größer. Auch füllt niemand neuen Wein, der noch gärt, in alte Schläuche; sonst sprengt der Wein die Schläuche, der Wein ist hin und die Schläuche auch. Nein, neuer Wein gehört in neue Schläuche!«

»Ich befehle dir: Steh auf!«
Der Mann stand auf,
nahm seine Matte und ging vor aller Augen weg (Markus 2,11-12)

Heilung eines Gelähmten (Markus 2,1-12) auf einem Säulen-Sarkophag,
um 350-375 n. Chr., Vatikanische Museen, Museo Pio Cristiano, Inv. 31499.

JESUS UND DER SABBAT
[2,23-28]

An einem Sabbat ging Jesus durch die Felder. Seine Jünger fingen unterwegs an, Ähren abzureißen und die Körner zu essen.

Die Pharisäer sagten zu Jesus: »Da sieh dir an, was sie tun! Das ist nach dem Gesetz am Sabbat verboten!«

Jesus antwortete ihnen: »Habt ihr nie gelesen, was David tat, als er und seine Männer hungrig waren und etwas zu essen brauchten? Er ging in das Haus Gottes und aß von den geweihten Broten, damals, als Abjatar Oberster Priester war. Nach dem Gesetz dürfen doch nur die Priester dieses Brot essen – und trotzdem aß David davon und gab es auch seinen Begleitern!«

Jesus fügte hinzu: »Gott hat den Sabbat für den Menschen geschaffen, nicht den Menschen für den Sabbat. Also ist der Menschensohn Herr auch über den Sabbat; er hat zu bestimmen, was an diesem Tag getan werden darf.«

JESUS HEILT AM SABBAT
[3,1-6]

Wieder einmal ging Jesus in eine Synagoge. Dort war ein Mann mit einer abgestorbenen Hand. Die Pharisäer hätten Jesus gerne angezeigt; darum beobachteten sie genau, ob er es wagen würde, ihn am Sabbat zu heilen.

Jesus sagte zu dem Mann mit der abgestorbenen Hand: »Steh auf und stell dich in die Mitte!«

Darauf fragte er die anderen: »Was darf man nach dem Gesetz am Sabbat tun? Gutes oder Böses? Einem Menschen das Leben retten oder ihn umkommen lassen?«

Er bekam keine Antwort. Da sah er sie zornig der Reihe nach an. Zugleich war er traurig, weil sie so engstirnig und hartherzig waren.

Dann sagte er zu dem Mann: »Streck deine Hand aus!« Er streckte sie aus und sie wurde wieder gesund.

Da gingen die Pharisäer hinaus. Sie trafen sich sogleich mit den Parteigängern von Herodes und sie beschlossen miteinander, dass Jesus sterben müsse.

ZUSTROM ZU JESUS AM SEE VON GALILÄA
[3,7-12]

Jesus zog sich mit seinen Jüngern an den See zurück. Viele Menschen aus Galiläa folgten ihm. Auch aus Judäa und aus Jerusalem, aus Idumäa und dem Gebiet auf der anderen Seite des Jordans und aus der Gegend der Städte Tyrus und Sidon kamen viele zu Jesus. Sie hatten von seinen Taten gehört und wollten ihn sehen.

Jesus wies seine Jünger an, ein Boot für ihn bereitzuhalten; denn die Menge war so groß, dass sie ihn fast erdrückte. Weil er schon so viele geheilt hatte, stürzten sich alle Kranken auf ihn und wollten ihn berühren. Menschen, die von bösen Geistern besessen waren, warfen sich vor ihm nieder, sobald sie ihn sahen, und schrien: »Du bist der Sohn Gottes!« Aber Jesus verbot ihnen nachdrücklich, ihn bekannt zu machen.

JESUS BERUFT DEN KREIS DER ZWÖLF
[3,13-19]

Dann stieg Jesus auf einen Berg und rief von seinen Jüngern die zu sich, die er für eine besondere Aufgabe vorgesehen hatte. Sie kamen zu ihm, und er setzte sie ein als die Zwölf. Sie sollten ständig bei ihm sein. Sie sollten dann auch von ihm ausgesandt werden, um die Gute Nachricht zu verkünden, und sollten die Vollmacht bekommen, die bösen Geister auszutreiben.

Die zwölf, die Jesus dafür bestimmte, waren:
Simon, dem er den Namen Petrus gab; Jakobus und sein Bruder Johannes, die er Donnersöhne nannte; dazu Andreas, Philippus, Bartholomäus, Matthäus, Thomas, Jakobus, der Sohn von Alphäus,

17

Und er setzte sie ein als die Zwölf (Markus 3,14)

Jesus als Hirte und die Jünger/Schafe auf einem Fries-Sarkophag,
um 375-400 n. Chr., Vatikanische Museen, Museo Pio Cristiano, Inv. 31534.

Thaddäus, Simon, der zur Partei der Zeloten gehört hatte, und Judas Iskariot, der Jesus später verriet.

STEHT JESUS MIT DEM TEUFEL IM BUND? [3,20-30]

Dann ging Jesus nach Hause. Wieder strömte eine so große Menge zusammen, dass er und seine Jünger nicht einmal zum Essen kamen. Als das seine Angehörigen erfuhren, machten sie sich auf den Weg, um ihn mit Gewalt wegzuholen, denn sie sagten sich: »Er muss verrückt geworden sein.«

Einige Gesetzeslehrer, die aus Jerusalem gekommen waren, sagten: »Er ist von Beelzebul besessen! Der oberste aller bösen Geister gibt ihm die Macht, die Geister auszutreiben.«

Da rief Jesus die Gesetzeslehrer zu sich und erklärte ihnen die Sache durch Bilder: »Wie kann der Satan sich selbst austreiben? Ein Staat muss doch untergehen, wenn seine Machthaber einander befehden. Eine Familie muss zerfallen, wenn ihre Glieder miteinander im Streit liegen. Würde also der Satan gegen sich selbst aufstehen und mit sich selbst im Streit liegen, dann müsste er ja untergehen; er würde sich selbst das Ende bereiten!

Hier gilt eine ganz andere Regel, als ihr meint: Niemand kann in das Haus eines Starken eindringen und ihm seine Beute rauben, wenn er den Starken nicht zuvor gefesselt hat. Dann erst kann er sein Haus ausrauben!

Das versichere ich euch: Alles kann den Menschen vergeben werden, jede Sünde, auch jede Gotteslästerung, wie schlimm sie auch sei. Wer aber den Heiligen Geist beleidigt, für den gibt es keine Vergebung; er ist auf ewig schuldig geworden.«

Das sagte Jesus, weil sie behauptet hatten: »Er ist von einem bösen Geist besessen.«

DIE ANGEHÖRIGEN VON JESUS [3,31-35]

Inzwischen waren die Mutter und die Brüder von Jesus angekommen. Sie standen vor dem Haus und schickten jemand, um ihn herauszurufen.

Rings um Jesus saßen die Menschen dicht gedrängt. Sie gaben die Nachricht an ihn weiter: »Deine Mutter und deine Brüder stehen draußen und fragen nach dir!«

Jesus antwortete: »Wer sind meine Mutter und meine Brüder?« Er sah auf die Leute, die um ihn herumsaßen, und sagte: »Das hier sind meine Mutter und meine Brüder! Wer tut, was Gott will, der ist mein Bruder, meine Schwester und meine Mutter!«

JESUS SPRICHT ZUM VOLK IN GLEICHNISSEN [4,1-2A]

Wieder einmal war Jesus am See und wollte zu den Menschen sprechen. Es hatte sich aber eine so große Menge versammelt, dass er sich in ein Boot setzen und ein Stück vom Ufer abstoßen musste.

Die Menge blieb am Ufer, und Jesus erklärte ihnen vieles von seiner Botschaft mit Hilfe von Gleichnissen.

DAS GLEICHNIS VON DER AUSSAAT [4,2B-9]

Unter anderem sagte er: »Hört zu! Ein Bauer ging aufs Feld, um zu säen. Als er die Körner ausstreute, fiel ein Teil von ihnen auf den Weg. Da kamen die Vögel und pickten sie auf.

Andere Körner fielen auf felsigen Grund, der nur mit einer dünnen Erdschicht bedeckt war. Sie gingen rasch auf, weil sie sich nicht in der Erde verwurzeln konnten; aber als die Sonne hochstieg, vertrockneten die jungen Pflanzen, und weil sie keine Wurzeln hatten, verdorrten sie. Wieder andere Körner fielen in Dornengestrüpp, das bald die Pflanzen überwucherte und erstickte, sodass sie keine Frucht brachten.

Andere Körner schließlich fielen auf guten Boden; sie gingen auf, wuchsen und brachten Frucht. Manche brachten dreißig Körner, andere sechzig, wieder andere hundert.«
Und Jesus sagte: »Wer Ohren hat, soll gut zuhören!«

Als Jesus mit dem Kreis der Zwölf und den anderen Jüngern allein war, wollten sie wissen, warum er in Gleichnissen sprach.
Jesus sagte: »Euch hat Gott seinen geheimnisvollen Plan erkennen lassen, nach dem er schon begonnen hat, seine Herrschaft in der Welt aufzurichten; aber die Außenstehenden erfahren von alledem nur in Gleichnissen.
Es heißt ja: ›Sie sollen hinsehen, so viel sie wollen, und doch nichts erkennen; sie sollen zuhören, so viel sie wollen, und doch nichts verstehen, damit sie nicht zu Gott umkehren und er ihnen ihre Schuld vergibt!‹«

Jesus fragte die Zwölf und die anderen Jünger: »Versteht ihr dieses Gleichnis denn nicht? Wie wollt ihr dann all die anderen Gleichnisse verstehen?
Der Bauer, der die Samenkörner ausstreut, sät die Botschaft Gottes aus. Manchmal fallen die Worte auf den Weg. So ist es bei den Menschen, die die Botschaft zwar hören, aber dann kommt sofort der Satan und nimmt weg, was in ihr Herz gesät wurde.
Bei anderen ist es wie bei dem Samen, der auf felsigen Grund fällt. Sie hören die Botschaft und nehmen sie sogleich mit Freuden an; aber sie kann in ihnen keine Wurzeln schlagen, weil diese Leute unbeständig sind. Wenn sie wegen der Botschaft in Schwierigkeiten geraten oder verfolgt werden, werden sie gleich an ihr irre.
Wieder bei anderen ist es wie bei dem Samen, der in das Dorngestrüpp fällt. Sie hören zwar die Botschaft, aber sie verlieren sich in ihren Alltagssorgen, lassen sich vom Reichtum verführen und leben nur für ihre Wünsche. Dadurch wird die Botschaft erstickt und bleibt wirkungslos.
Bei anderen schließlich ist es wie bei dem Samen, der auf guten Boden fällt. Sie hören die Botschaft, nehmen sie an und bringen Frucht, manche dreißigfach, andere sechzigfach, wieder andere hundertfach.«

Jesus fuhr fort: »Ist die Lampe etwa dazu da, um sie unter einen Topf oder unters Bett zu stellen? Nein, sie wird auf den Lampenständer gestellt! So soll alles, was jetzt noch an Gottes Botschaft verborgen ist, ans Licht kommen, und was jetzt noch an ihr unverständlich ist, soll verstanden werden. Wer Ohren hat, soll gut zuhören!«
Er fügte hinzu: »Achtet auf das, was ich euch sage! Nach dem Maß eures Zuhörens wird Gott euch Verständnis geben, ja noch über das Maß eures Zuhörens hinaus! Denn wer viel hat, dem wird noch mehr gegeben werden, aber wer wenig hat, dem wird auch noch das wenige genommen werden, das er hat.«

Zu den versammelten Menschen sagte Jesus:
»Mit der neuen Welt Gottes ist es wie mit dem Bauern und seiner Saat: Hat er gesät, so geht er nach Hause, legt sich nachts schlafen, steht morgens wieder auf – und das viele Tage lang.
Inzwischen geht die Saat auf und wächst; der Bauer weiß nicht wie. Ganz von selbst lässt der Boden die Pflanzen wachsen und Frucht

WARUM JESUS GLEICHNISSE GEBRAUCHT [4,10-12]

JESUS ERKLÄRT DAS GLEICHNIS VON DER AUSSAAT [4,13-20]

VOM VERSTEHEN DER GUTEN NACHRICHT [4,21-25]

DAS GLEICHNIS VON DER SELBSTWACHSENDEN SAAT [4,26-29]

bringen. Zuerst kommen die Halme, dann bilden sich die Ähren und schließlich füllen sie sich mit Körnern.

Sobald das Korn reif ist, schickt der Bauer die Schnitter, denn es ist Zeit zum Ernten.«

DAS GLEICHNIS
VOM SENFKORN:
DER
ENTSCHEIDENDE
ANFANG
IST GEMACHT
[4,30-34]

»Wie geht es zu, wenn Gott seine Herrschaft aufrichtet?«, fragte Jesus. »Womit können wir das vergleichen? Es ist wie beim Senfkorn: Wenn es in die Erde gesät wird, ist es der kleinste Same, den es gibt. Aber ist es einmal gesät, so geht es auf und wird größer als alle anderen Gartenpflanzen. Es treibt so große Zweige, dass die Vögel in seinem Schatten ihre Nester bauen.«

Jesus erzählte den Leuten noch viele ähnliche Gleichnisse, damit sie ihn besser verstehen konnten, und verkündete ihnen so die Botschaft Gottes. Nie sprach er zu ihnen, ohne Gleichnisse zu gebrauchen. Aber wenn er mit seinen Jüngern allein war, erklärte er ihnen alles.

IM STURM AUF DIE
PROBE GESTELLT
[4,35-41]

Am Abend jenes Tages sagte Jesus zu seinen Jüngern: »Kommt, wir fahren zum anderen Ufer hinüber!« Die Jünger verabschiedeten die Leute; dann stiegen sie ins Boot, in dem Jesus noch saß, und fuhren los. Auch andere Boote fuhren mit.

Da kam ein schwerer Sturm auf, sodass die Wellen ins Boot schlugen. Das Boot füllte sich schon mit Wasser, Jesus aber lag hinten im Boot auf dem Sitzkissen und schlief. Die Jünger weckten ihn und riefen: »Lehrer, kümmert es dich nicht, dass wir untergehen?«

Jesus stand auf, sprach ein Machtwort zu dem Sturm und befahl dem tobenden See: »Schweig! Sei still!« Da legte sich der Wind und es wurde ganz still.

»Warum habt ihr solche Angst?«, fragte Jesus. »Habt ihr denn immer noch kein Vertrauen?«

Da befiel sie große Furcht und sie fragten sich: »Wer ist das nur, dass ihm sogar Wind und Wellen gehorchen!«

DER BESESSENE
VON GERASA
[5,1-20]

Auf der anderen Seite des Sees kamen sie in das Gebiet von Gerasa. Als Jesus aus dem Boot stieg, lief ihm aus den Grabhöhlen ein Mann entgegen, der von einem bösen Geist besessen war. Er hauste dort in den Grabhöhlen und niemand konnte ihn bändigen, nicht einmal mit Ketten. Schon oft hatte man ihn an Händen und Füßen gefesselt, aber jedes Mal hatte er die Ketten zerrissen. Kein Mensch wurde mit ihm fertig. Er war Tag und Nacht in den Grabhöhlen oder auf den Bergen und schrie und schlug mit Steinen auf sich ein.

Schon von weitem sah er Jesus, rannte auf ihn zu, warf sich vor ihm nieder und schrie: »Jesus, du Sohn des höchsten Gottes, was habe ich mit dir zu schaffen? Ich beschwöre dich bei Gott, quäle mich nicht!« Denn Jesus hatte dem bösen Geist befohlen, aus dem Mann auszufahren.

Nun fragte Jesus ihn: »Wie heißt du?«

Er antwortete: »Legion. Wir sind nämlich viele!« Und er flehte Jesus an: »Vertreib uns nicht aus dieser Gegend!«

In der Nähe weidete eine große Schweineherde am Berghang. Die bösen Geister baten: »Schick uns doch in die Schweine!«

Jesus erlaubte es ihnen. Da kamen sie heraus aus dem Mann und fuhren in die Schweine, und die Herde raste das steile Ufer hinab in den See und ertrank. Es waren etwa zweitausend Tiere.

Die Schweinehirten liefen davon und erzählten in der Stadt und in den Dörfern, was geschehen war. Die Leute wollten es mit eigenen Augen sehen. Sie kamen zu Jesus und sahen den Mann, der von einer ganzen

»Das Kind ist nicht tot – es schläft nur.«
Er nahm es bei der Hand und sagte: »Steh auf, Mädchen!« (Markus 5,39.41)

Die Erweckung der Tochter des Jairus vom Tod (Markus 5,21-24.35-43)
auf einem Fries-Sarkophag, um 300-325 n. Chr.,
Vatikanische Museen, Museo Pio Cristiano, Inv. 31440.

»Wenn ich nur sein Gewand anfasse, werde ich gesund« (Markus 5,28)

Heilung einer blutflüssigen Frau (Markus 5,25-34) auf einem zweizonigen Sarkophag,
um 325-350 n. Chr., und auf einem Fries-Sarkophag, um 375-400 n. Chr. [vgl. S. 80],
Vatikanische Museen, Museo Pio Cristiano, Inv. 31535, 31461.

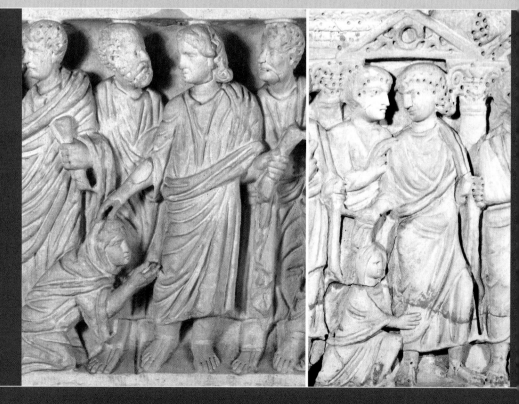

Legion böser Geister besessen gewesen war: Er saß da, ordentlich angezogen und bei klarem Verstand. Da befiel sie große Furcht. Die Augenzeugen berichteten ihnen ausführlich, was an dem Besessenen geschehen war, und sie erzählten auch die Geschichte mit den Schweinen. Darauf forderten die Leute Jesus auf, ihr Gebiet zu verlassen.

Als Jesus ins Boot stieg, bat ihn der Geheilte: »Ich möchte bei dir bleiben!«

Aber Jesus erlaubte es ihm nicht, sondern sagte: »Geh zurück zu deinen Angehörigen und erzähl ihnen, was Gott an dir getan und wie er mit dir Erbarmen gehabt hat.«

Der Mann gehorchte und ging. Er zog durch das Gebiet der Zehn Städte und verkündete überall, was Jesus an ihm getan hatte. Und alle staunten.

JESUS HEILT EINE KRANKE FRAU UND ERWECKT EIN MÄDCHEN VOM TOD [5,21-43]

Jesus fuhr wieder ans andere Seeufer zurück. Bald hatte sich eine große Menschenmenge um ihn versammelt.

Noch während Jesus am See war, kam ein Synagogenvorsteher namens Jaïrus, sah ihn, warf sich vor ihm nieder und bat ihn dringlich: »Meine kleine Tochter ist todkrank. Komm doch und leg ihr die Hände auf, damit sie gerettet wird und am Leben bleibt!«

Da ging Jesus mit ihm.

Eine große Menschenmenge folgte Jesus und umdrängte ihn. Es war auch eine Frau dabei, die seit zwölf Jahren an Blutungen litt. Sie war schon bei den verschiedensten Ärzten gewesen und hatte viele Behandlungen über sich ergehen lassen. Ihr ganzes Vermögen hatte sie dabei ausgegeben, aber es hatte nichts genützt; im Gegenteil, ihr Leiden war nur schlimmer geworden.

Diese Frau hatte von Jesus gehört; sie drängte sich in der Menge von hinten an ihn heran und berührte sein Gewand. Denn sie sagte sich: »Wenn ich nur sein Gewand anfasse, werde ich gesund.« Im selben Augenblick hörte die Blutung auf, und sie spürte, dass sie ihre Plage los war.

Jesus bemerkte, dass heilende Kraft von ihm ausgegangen war, und sofort drehte er sich in der Menge um und fragte: »Wer hat mein Gewand berührt?«

Die Jünger sagten: »Du siehst, wie die Leute sich um dich drängen, und da fragst du noch: ›Wer hat mich berührt?‹«

Aber Jesus blickte umher, um zu sehen, wer es gewesen war. Die Frau zitterte vor Angst; sie wusste ja, was mit ihr vorgegangen war. Darum trat sie vor, warf sich vor Jesus nieder und erzählte ihm alles.

Jesus sagte zu ihr: »Meine Tochter, dein Vertrauen hat dir geholfen. Geh in Frieden und sei frei von deinem Leiden!«

Während Jesus noch sprach, kamen Boten aus dem Haus des Synagogenvorstehers und sagten zu Jaïrus: »Deine Tochter ist gestorben. Du brauchst den Lehrer nicht weiter zu bemühen.«

Jesus hörte mit an, was sie redeten, und sagte zu dem Synagogenvorsteher: »Erschrick nicht, hab nur Vertrauen!« Er ließ niemand weiter mitkommen außer Petrus, Jakobus und dessen Bruder Johannes.

Als sie zum Haus des Synagogenvorstehers kamen, sah Jesus schon die aufgeregten Menschen und hörte das laute Klagegeschrei. Er ging ins Haus und sagte: »Was soll der Lärm? Warum weint ihr? Das Kind ist nicht tot – es schläft nur.«

Da lachten sie ihn aus. Er aber warf sie alle hinaus, nahm nur den Vater des Kindes und die Mutter und die drei Jünger mit sich und ging in den Raum, in dem das Kind lag. Er nahm es bei der Hand und sagte: »Talita kum!« Das heißt übersetzt: »Steh auf, Mädchen!«

Das Mädchen stand sofort auf und ging umher. Es war zwölf Jahre alt. Alle waren vor Entsetzen außer sich. Aber Jesus schärfte ihnen nachdrücklich ein, es niemand weiterzuerzählen.
Dann sagte er: »Gebt dem Kind etwas zu essen!«

Von dort ging Jesus in seine Heimatstadt. Seine Jünger begleiteten ihn. Am Sabbat sprach er in der Synagoge, und viele, die ihn hörten, waren sehr verwundert. »Wo hat er das her?«, fragten sie einander. »Was ist das für eine Weisheit, die ihm gegeben ist? Und erst die Wunder, die durch ihn geschehen! Ist er nicht der Zimmermann, der Sohn von Maria, der Bruder von Jakobus, Joses, Judas und Simon? Und leben nicht auch seine Schwestern hier bei uns?«
Darum wollten sie nichts von ihm wissen.
Aber Jesus sagte zu ihnen: »Ein Prophet gilt nirgends so wenig wie in seiner Heimat, bei seinen Verwandten und in seiner Familie.«
Deshalb konnte er dort auch keine Wunder tun; nur einigen Kranken legte er die Hände auf und heilte sie. Er wunderte sich, dass die Leute von Nazaret ihm das Vertrauen verweigerten.

Jesus ging in die umliegenden Dörfer und sprach dort zu den Menschen. Dann rief er die Zwölf zu sich; er gab ihnen die Vollmacht, die bösen Geister auszutreiben, und sandte sie zu zweien aus. Er befahl ihnen, nichts mit auf den Weg zu nehmen außer einem Wanderstock; kein Brot, keine Vorratstasche und auch kein Geld. »Sandalen dürft ihr anziehen«, sagte er, »aber nicht zwei Hemden übereinander!«
Weiter sagte er: »Wenn jemand euch aufnimmt, dann bleibt in seinem Haus, bis ihr von dem Ort weiterzieht. Wenn ihr in einen Ort kommt, wo die Leute euch nicht aufnehmen und euch auch nicht anhören wollen, dann zieht sogleich weiter und schüttelt den Staub von den Füßen, damit sie gewarnt sind.«
Die Zwölf machten sich auf den Weg und forderten die Menschen auf, ihr Leben zu ändern. Sie trieben viele böse Geister aus und salbten viele Kranke mit Öl und heilten sie.

Inzwischen hatte auch König Herodes von Jesus gehört; denn überall redete man von ihm. Die einen sagten: »Der Täufer Johannes ist vom Tod auferweckt worden, darum wirken solche Kräfte in ihm.« Andere meinten: »Er ist der wiedergekommene Elija«; wieder andere: »Er ist ein Prophet wie die Propheten der alten Zeit.«
Herodes aber war überzeugt, dass er der Täufer Johannes sei. »Es ist der, dem ich den Kopf abschlagen ließ«, sagte er, »und jetzt ist er vom Tod auferweckt worden.«

Herodes hatte nämlich Johannes festnehmen und gefesselt ins Gefängnis werfen lassen. Der Grund dafür war: Herodes hatte seinem Bruder Philippus die Frau, Herodias, weggenommen und sie geheiratet. Johannes hatte ihm daraufhin vorgehalten: »Das Gesetz Gottes erlaubt dir nicht, die Frau deines Bruders zu heiraten.«
Herodias war wütend auf Johannes und wollte ihn töten, konnte sich aber nicht durchsetzen. Denn Herodes wusste, dass Johannes ein frommer und heiliger Mann war; darum wagte er nicht, ihn anzutasten. Er hielt ihn zwar in Haft, ließ sich aber gerne etwas von ihm sagen, auch wenn er beim Zuhören jedes Mal in große Verlegenheit geriet.
Aber dann kam für Herodias die günstige Gelegenheit. Herodes hatte Geburtstag und veranstaltete ein Festessen für seine hohen Regie-

rungsbeamten, die Offiziere und die angesehensten Bürger von Galiläa. Dabei trat die Tochter von Herodias als Tänzerin auf. Das gefiel Herodes und den Gästen so gut, dass der König zu dem Mädchen sagte: »Wünsche dir, was du willst; du wirst es bekommen.« Er schwor sogar: »Ich gebe dir alles, was du willst, und wenn es mein halbes Königreich wäre!«

Das Mädchen ging hinaus zu seiner Mutter und fragte: »Was soll ich mir wünschen?«

Die Mutter sagte: »Den Kopf des Täufers Johannes.«

Schnell ging das Mädchen wieder hinein zum König und verlangte: »Ich will, dass du mir sofort auf einem Teller den Kopf des Täufers Johannes überreichst!«

Der König wurde sehr traurig; aber weil er vor allen Gästen einen Schwur geleistet hatte, wollte er die Bitte nicht abschlagen. Er schickte den Henker und befahl ihm, den Kopf von Johannes zu bringen.

Der Henker ging ins Gefängnis und enthauptete Johannes. Er brachte den Kopf auf einem Teller herein, überreichte ihn dem Mädchen, und das Mädchen gab ihn seiner Mutter.

Als die Jünger des Täufers erfuhren, was geschehen war, holten sie den Toten und legten ihn in ein Grab.

JESUS MACHT
FÜNFTAUSEND
MENSCHEN SATT
[6,30-44]

Die Apostel kehrten zu Jesus zurück und berichteten ihm, was sie alles in seinem Auftrag getan und den Menschen verkündet hatten. Jesus sagte zu ihnen: »Kommt jetzt mit, ihr allein! Wir suchen einen ruhigen Platz, damit ihr euch ausruhen könnt.« Denn es war ein ständiges Kommen und Gehen, sodass sie nicht einmal Zeit zum Essen hatten.

So stiegen sie in ein Boot und fuhren an eine einsame Stelle. Aber die Leute sahen sie abfahren und erzählten es weiter. So kam es, dass Menschen aus allen Orten zusammenliefen und noch früher dort waren als Jesus und die Zwölf.

Als Jesus aus dem Boot stieg, sah er die vielen Menschen. Da ergriff ihn das Mitleid, denn sie waren wie Schafe, die keinen Hirten haben. Darum sprach er lange zu ihnen.

Als es Abend wurde, kamen die Jünger zu Jesus und sagten: »Es ist schon spät und die Gegend hier ist einsam. Schick doch die Leute weg! Sie sollen in die Höfe und Dörfer ringsum gehen und sich etwas zu essen kaufen!«

Jesus erwiderte: »Gebt doch ihr ihnen zu essen!«

Die Jünger sagten: »Da müssten wir ja losgehen und für zweihundert Silberstücke Brot kaufen!«

Jesus fragte sie: »Wie viele Brote habt ihr denn bei euch? Geht, seht nach!«

Sie sahen nach und sagten: »Fünf, und zwei Fische.«

Da ließ er die Jünger dafür sorgen, dass sich alle in Tischgemeinschaften im grünen Gras niedersetzten. So lagerten sich die Leute in Gruppen zu hundert und zu fünfzig.

Dann nahm Jesus die fünf Brote und die zwei Fische, sah zum Himmel auf und sprach das Segensgebet darüber. Er brach die Brote in Stücke und gab die Stücke den Jüngern, damit sie sie an die Leute verteilten. Auch die zwei Fische ließ er an alle austeilen.

Und sie aßen alle und wurden satt. Sie füllten sogar noch zwölf Körbe mit dem, was von den Broten übrig blieb. Auch von den Fischen wurden noch Reste eingesammelt. Fünftausend Männer hatten an der Mahlzeit teilgenommen.

»Fünf (Brote), und zwei Fische« (Markus 6,38)

Die Vermehrung der Brote und der Fische (Markus 6,30-44; 8,1-10)
auf dem Sarkophag „der zwei Brüder", um 325-350 n. Chr.,
Vatikanische Museen, Museo Pio Cristiano, Inv. 31543 [vgl. S. 77].

Und füllten sogar noch sieben Körbe mit dem Brot, das übrig blieb
(Markus 8,8)

Die Vermehrung der Brote und der Fische (Markus 8,1-10)
auf dem Sarkophag „der zwei Testamente", um 325-350 n. Chr.,
Vatikanische Museen, Museo Pio Cristiano, Inv. 31427 [vgl. S. 76].

JESUS GEHT ÜBER DAS WASSER
[6,45-52]

Gleich darauf drängte Jesus seine Jünger, ins Boot zu steigen und nach Betsaida ans andere Seeufer vorauszufahren. Er selbst wollte erst noch die Menschenmenge verabschieden. Als er damit fertig war, ging er auf einen Berg, um zu beten.

Bei Einbruch der Dunkelheit war Jesus allein an Land und das Boot mitten auf dem See. Jesus sah, dass seine Jünger beim Rudern nur mühsam vorwärts kamen, weil sie gegen den Wind ankämpfen mussten. Deshalb kam er im letzten Viertel der Nacht zu ihnen. Er ging über das Wasser und wollte an ihnen vorübergehen.

Als die Jünger ihn auf dem Wasser gehen sahen, meinten sie, es sei ein Gespenst, und schrien auf. Denn sie sahen ihn alle und waren ganz verstört. Sofort sprach er sie an: »Fasst Mut! Ich bin's, fürchtet euch nicht!« Dann stieg er zu ihnen ins Boot und der Wind legte sich.

Da gerieten sie vor Entsetzen ganz außer sich. Denn sie waren durch das Wunder mit den Broten nicht zur Einsicht gekommen; sie waren im Innersten verstockt.

JESUS HEILT KRANKE IN GENNESARET
[6,53-56]

Sie überquerten den See und landeten bei Gennesaret. Als sie aus dem Boot stiegen, erkannten die Leute Jesus sofort. Sie liefen in die ganze Gegend und brachten die Kranken auf ihren Matten immer an den Ort, von dem sie hörten, dass Jesus dort sei. Wohin er auch kam, in Städte, Dörfer oder Höfe, überall legte man die Kranken hinaus auf die Plätze und bat ihn, dass sie nur die Quaste seines Gewandes berühren dürften. Und alle, die es taten, wurden gesund.

GOTTES GEBOT UND MENSCHLICHE ÜBERLIEFERUNG
[7,1-13]

Eines Tages versammelten sich die Pharisäer bei Jesus und dazu noch eine Anzahl Gesetzeslehrer, die von Jerusalem gekommen waren. Sie sahen, dass einige seiner Jünger mit unreinen Händen aßen, das heißt, dass sie die Hände vor dem Essen nicht nach der religiösen Vorschrift gewaschen hatten.

Denn die Pharisäer und auch alle anderen Juden richten sich nach den Vorschriften, die von den früheren Gesetzeslehrern aufgestellt und dann weiterüberliefert worden sind: Sie essen nichts, wenn sie sich nicht vorher mit einer Hand voll Wasser die Hände gewaschen haben. Wenn sie vom Markt kommen, essen sie nicht, bevor sie sich nicht ganz im Wasser untergetaucht haben. So befolgen sie noch eine Reihe von anderen überlieferten Vorschriften: über die Reinigung von Bechern, Krügen, Kupferschüsseln und Sitzpolstern.

Daher fragten die Pharisäer und Gesetzeslehrer Jesus: »Warum richten sich deine Jünger nicht nach den Vorschriften, die von den früheren Gesetzeslehrern aufgestellt und uns überliefert worden sind? Warum essen sie mit unreinen Händen?«

Jesus antwortete ihnen: »Euch Scheinheilige hat der Prophet Jesaja treffend im Voraus beschrieben! In seinem Buch heißt es ja: ›Dieses Volk ehrt mich nur mit Worten, sagt Gott, aber mit dem Herzen ist es weit weg von mir. Ihr ganzer Gottesdienst ist sinnlos, denn sie lehren nur Gebote, die sich Menschen ausgedacht haben.‹ Das Gebot Gottes schiebt ihr zur Seite und haltet euch stattdessen an Vorschriften, die von Menschen stammen.«

Jesus fuhr fort: »Sehr geschickt bringt ihr es fertig, das Gebot Gottes außer Kraft zu setzen, um eure überlieferte Vorschrift zur Geltung zu bringen!

Mose hat bekanntlich gesagt: ›Ehre deinen Vater und deine Mutter!‹, und: ›Wer zu seinem Vater oder seiner Mutter etwas Schändliches sagt, wird mit dem Tod bestraft.‹

Ihr dagegen behauptet: Wenn jemand zu seinem Vater oder seiner Mutter sagt: Korban – das heißt: Was ihr von mir bekommen müsstet, ist für Gott bestimmt –, dann braucht er für seine Eltern nichts mehr zu tun. Ja, ihr erlaubt es ihm dann nicht einmal mehr.

So setzt ihr das Wort Gottes außer Kraft und ersetzt es durch eure Überlieferungen. Dafür gibt es noch viele andere Beispiele.«

Dann rief Jesus die Menge wieder zu sich und sagte: »Hört mir alle zu und begreift! Nichts, was der Mensch von außen in sich aufnimmt, kann ihn unrein machen. Nur das, was aus ihm herauskommt, macht ihn unrein!« Als Jesus sich von der Menge in ein Haus zurückgezogen hatte, fragten ihn seine Jünger, wie er das gemeint habe. Er antwortete: »Seid ihr denn auch so unverständig? Begreift ihr das nicht? Alles, was der Mensch von außen in sich aufnimmt, kann ihn nicht unrein machen, weil es nicht in sein Herz, sondern nur in den Magen gelangt und dann vom Körper wieder ausgeschieden wird.« Damit erklärte Jesus alle Speisen für rein.

»Aber das«, fuhr er fort, »was aus dem Menschen selbst herauskommt, das macht ihn unrein! Denn aus ihm selbst, aus seinem Herzen, kommen die bösen Gedanken und mit ihnen Unzucht, Diebstahl und Mord; Ehebruch, Habsucht und Niedertracht; Betrug, Ausschweifung und Neid; Verleumdung, Überheblichkeit und Unvernunft. All das kommt aus dem Inneren des Menschen und macht ihn unrein.«

WAS UNREIN MACHT
[7,14-23]

Jesus ging von dort weg in das Gebiet von Tyrus. Er zog sich in ein Haus zurück und wollte, dass niemand von ihm erfuhr. Aber er konnte nicht verborgen bleiben.

Schon hatte eine Frau von ihm gehört, deren Tochter von einem bösen Geist besessen war. Sie kam und warf sich Jesus zu Füßen. Sie war keine Jüdin, sondern war in dieser Gegend zu Hause. Sie bat ihn, den bösen Geist aus ihrer Tochter auszutreiben.

Aber Jesus sagte zu ihr: »Zuerst müssen die Kinder satt werden. Es ist nicht recht, ihnen das Brot wegzunehmen und es den Hunden vorzuwerfen.«

»Herr«, entgegnete sie, »aber auch die Hunde bekommen ja die Brocken, die die Kinder unter den Tisch fallen lassen.«

Jesus sagte zu ihr: »Das war ein Wort! Geh nach Hause; der böse Geist ist aus deiner Tochter ausgefahren.«

Die Frau ging nach Hause und fand ihr Kind aufs Bett geworfen; der böse Geist war ausgefahren.

DAS VERTRAUEN EINER NICHTJÜDISCHEN FRAU
[7,24-30]

Jesus verließ wieder das Gebiet von Tyrus und zog über Sidon zum See von Galiläa, mitten ins Gebiet der Zehn Städte. Dort brachten sie einen Taubstummen zu ihm mit der Bitte, ihm die Hände aufzulegen. Jesus führte ihn ein Stück von der Menge fort und legte seine Finger in die Ohren des Kranken; dann berührte er dessen Zunge mit Speichel. Er blickte zum Himmel empor, stöhnte und sagte zu dem Mann: »Effata!« Das heißt: »Öffne dich!«

Im selben Augenblick konnte der Mann hören; auch seine Zunge löste sich und er konnte richtig sprechen.

Jesus verbot den Anwesenden, es irgendjemand weiterzusagen; aber je mehr er es ihnen verbot, desto mehr machten sie es bekannt. Die Leute waren ganz außer sich und sagten: »Wie gut ist alles, was er gemacht hat: Den Gehörlosen gibt er das Gehör und den Stummen die Sprache!«

JESUS HEILT EINEN TAUBSTUMMEN
[7,31-37]

JESUS MACHT VIERTAUSEND MENSCHEN SATT
[8,1-10]

Damals waren wieder einmal viele Menschen bei Jesus versammelt, und sie hatten nichts zu essen. Da rief Jesus die Jünger zu sich und sagte: »Die Leute tun mir Leid. Seit drei Tagen sind sie hier bei mir und haben nichts zu essen. Wenn ich sie jetzt hungrig nach Hause schicke, werden sie unterwegs zusammenbrechen; denn sie sind zum Teil von weit her gekommen.«

Die Jünger gaben zu bedenken: »Wo soll jemand hier in dieser unbewohnten Gegend das Brot hernehmen, um all diese Menschen satt zu machen?«

»Wie viele Brote habt ihr?«, fragte Jesus, und sie sagten: »Sieben!« Da forderte er die Leute auf, sich auf die Erde zu setzen.

Dann nahm er die sieben Brote, sprach darüber das Dankgebet, brach sie in Stücke und gab sie seinen Jüngern zum Austeilen. Die Jünger verteilten sie an die Menge.

Außerdem hatten sie ein paar kleine Fische. Jesus segnete sie und ließ sie ebenfalls austeilen.

Die Leute aßen und wurden satt und füllten sogar noch sieben Körbe mit dem Brot, das übrig blieb. Es waren etwa viertausend Menschen. Dann schickte Jesus sie nach Hause, stieg mit seinen Jüngern in ein Boot und fuhr in die Gegend von Dalmanuta.

DIE PHARISÄER FORDERN EINEN BEWEIS
[8,11-13]

Jetzt kamen die Pharisäer zu Jesus und begannen, mit ihm zu streiten. Sie wollten ihn auf die Probe stellen und verlangten von ihm ein Zeichen vom Himmel als Beweis dafür, dass er wirklich von Gott beauftragt sei.

Jesus stöhnte und sagte: »Wieso verlangt diese Generation einen Beweis? Ich versichere euch: Diese Generation bekommt nie und nimmer einen Beweis!«

Damit ließ er sie stehen, stieg wieder ins Boot und fuhr ans andere Seeufer.

UNVERSTÄNDIGE JÜNGER
[8,14-21]

Die Jünger hatten vergessen, Brot zu besorgen; nur ein einziges hatten sie bei sich im Boot. Jesus warnte sie: »Nehmt euch in Acht vor dem Sauerteig der Pharisäer und vor dem Sauerteig von Herodes!«

Da sagten sie zueinander: »Wir haben kein Brot!«

Jesus hörte es und sagte zu ihnen: »Was macht ihr euch Sorgen darüber, dass ihr kein Brot habt? Versteht ihr immer noch nichts? Begreift ihr denn gar nichts? Seid ihr genauso verstockt wie die anderen? Ihr habt doch Augen, warum seht ihr nicht? Ihr habt doch Ohren, warum hört ihr nicht?

Erinnert ihr euch nicht daran, wie ich die fünf Brote unter fünftausend Menschen ausgeteilt habe? Wie viele Körbe mit Resten habt ihr da eingesammelt?«

»Zwölf«, sagten sie.

»Und als ich die sieben Brote unter viertausend Menschen ausgeteilt habe, wie viele Körbe mit Resten waren es da?«

»Sieben«, antworteten sie; und Jesus sagte: »Begreift ihr denn immer noch nichts?«

JESUS HEILT EINEN BLINDEN
[8,22-26]

Als sie nach Betsaida kamen, brachten die Leute einen Blinden und baten Jesus, den Mann zu berühren.

Jesus nahm ihn bei der Hand und führte ihn aus dem Ort hinaus. Er spuckte ihm in die Augen, legte ihm die Hände auf und fragte: »Kannst du etwas erkennen?«

Vor den Augen der Jünger ging mit Jesus eine Verwandlung vor sich
(Markus 9,2)

Die Gestalt Jesu zwischen zwei Jüngern (in der Regel Petrus und Paulus)
ist der Ausgangspunkt für die älteste Ikonographie der Verklärungsszene (Markus 9,2-8),
dazu die göttliche Hand als Symbol für die Stimme des Vaters.

OBEN: Christus zwischen Petrus und Paulus - Detail eines Sarkophags mit Säulen,
350-375 nach Christus. Museo Pio Cristiano, Inv. 31499 [vgl. S. 16].

UNTEN: Die Verklärung Jesu auf einer Elfenbein-Schatulle des fünften Jahrhunderts.
Zur Zeit in Brescia (aus Leclerq 1925, n. 1626).

Der Blinde blickte auf und sagte: »Ja, ich sehe die Menschen; sie sehen aus wie wandelnde Bäume.«

Noch einmal legte ihm Jesus die Hände auf die Augen. Danach blickte der Mann wieder auf – und war geheilt. Er konnte jetzt alles ganz deutlich erkennen.

Jesus befahl ihm: »Geh nicht erst nach Betsaida hinein, sondern geh gleich nach Hause!«

PETRUS SPRICHT AUS, WER JESUS IST [8,27-30]

Jesus zog mit seinen Jüngern weiter in die Dörfer bei Cäsarea Philippi. Unterwegs fragte er sie: »Für wen halten mich eigentlich die Leute?«

Die Jünger gaben zur Antwort: »Einige halten dich für den wieder auferstandenen Täufer Johannes, andere halten dich für den wiedergekommenen Elija, und noch andere meinen, du seist einer von den alten Propheten.«

»Und ihr«, wollte Jesus wissen, »für wen haltet ihr mich?«

Da sagte Petrus: »Du bist Christus, der versprochene Retter!«

Aber Jesus schärfte ihnen ein, mit niemand darüber zu reden.

JESUS KÜNDIGT ZUM ERSTEN MAL SEINEN TOD AN [8,31-33]

Danach begann Jesus den Jüngern klar zu machen, was Gott mit ihm vorhatte: dass der Menschensohn vieles erleiden und von den Ratsältesten, den führenden Priestern und den Gesetzeslehrern verworfen werden müsse, dass er getötet werden und nach drei Tagen auferstehen müsse. Jesus sagte ihnen das ganz offen.

Da nahm Petrus ihn beiseite, fuhr ihn an und wollte ihm das ausreden. Aber Jesus wandte sich um, sah die anderen Jünger und wies Petrus scharf zurecht. »Geh weg!«, sagte er. »Hinter mich, an deinen Platz, du Satan! Deine Gedanken stammen nicht von Gott, sie sind typisch menschlich.«

JESUS FOLGEN HEISST: IHM DAS KREUZ NACHTRAGEN [8,34–9,1]

Dann rief Jesus die ganze Menschenmenge hinzu und sagte: »Wer mir folgen will, muss sich und seine Wünsche aufgeben, sein Kreuz auf sich nehmen und auf meinem Weg hinter mir hergehen.

Denn wer sein Leben retten will, wird es verlieren. Aber wer sein Leben wegen mir und wegen der Guten Nachricht verliert, wird es retten. Was hat ein Mensch davon, wenn er die ganze Welt gewinnt, aber zuletzt sein Leben verliert? Womit will er es dann zurückkaufen?

Die Menschen dieser schuldbeladenen Generation wollen von Gott nichts wissen. Wenn jemand nicht den Mut hat, sich vor ihnen zu mir und meiner Botschaft zu bekennen, dann wird auch der Menschensohn keinen Mut haben, sich zu ihm zu bekennen, wenn er in der Herrlichkeit seines Vaters mit den heiligen Engeln kommt!«

Und er fügte hinzu: »Ich versichere euch: Einige von euch, die jetzt hier stehen, werden noch zu ihren Lebzeiten sehen, wie Gottes Herrschaft machtvoll aufgerichtet wird.«

DREI JÜNGER SEHEN JESUS IN HERRLICHKEIT (DIE »VERKLÄRUNG«) [9,2-10]

Sechs Tage später nahm Jesus die drei Jünger Petrus, Jakobus und Johannes mit sich und führte sie auf einen hohen Berg. Sonst war niemand bei ihnen.

Vor den Augen der Jünger ging mit Jesus eine Verwandlung vor sich: Seine Kleider strahlten in einem Weiß, wie es niemand durch Waschen oder Bleichen hervorbringen kann. Und dann sahen sie auf einmal Elija und dazu Mose bei Jesus stehen und mit ihm reden.

Da sagte Petrus zu Jesus: »Wie gut, dass wir hier sind, Rabbi! Wir wollen drei Zelte aufschlagen, eins für dich, eins für Mose und eins für Elija.«

9

Legte ihm Jesus die Hände auf die Augen. Danach blickte der Mann wieder auf – und war geheilt. Er konnte jetzt alles ganz deutlich erkennen (Markus 8,25)

Heilung eines Blinden (Markus 8,22-26; 10,46-52) auf dem Sarkophag „der zwei Testamente" [Inv. 31427], um 325-350 n. Chr., und auf einem Fries-Sarkophag [Inv. 31508], um 300-325 n. Chr., Vatikanische Museen, Museo Pio Cristiano.

Jesus antwortete: »Geh nur, dein Vertrauen hat dir geholfen!«. Im gleichen Augenblick konnte er sehen (Markus 10,52)

Die Heilung eines Blinden (Markus 8,22-26; 10,46-52) auf dem Sarkophag „des Sabinus" [inv. 31509], um 300-325 n. Chr., und auf dem Sarkophag „der zwei Brüder" [Inv. 31543], um 325-350 n. Chr., Vatikanische Museen, Museo Pio Cristiano.

Er wusste nämlich nicht, was er sagen sollte, denn er und die beiden andern waren vor Schreck ganz verstört.

Da kam eine Wolke und warf ihren Schatten über sie, und eine Stimme aus der Wolke sagte: »Dies ist mein Sohn, ihm gilt meine Liebe; auf ihn sollt ihr hören!« Dann aber, als sie um sich blickten, sahen sie niemand mehr, nur Jesus allein war noch bei ihnen.

Während sie den Berg hinunterstiegen, befahl ihnen Jesus, mit niemand über das zu sprechen, was sie gesehen hatten, bevor nicht der Menschensohn vom Tod auferstanden wäre.

Dieses Wort griffen sie auf und diskutierten darüber, was denn das heiße, vom Tod auferstehen.

VOM KOMMEN
DES PROPHETEN
ELIJA
[9,11-13]

Die drei Jünger fragten Jesus: »Warum behaupten die Gesetzeslehrer, dass vor dem Ende erst noch Elija wiederkommen muss?«

Jesus sagte: »Gewiss, Elija kommt zuerst, um das ganze Volk Gottes wiederherzustellen. Aber warum heißt es dann noch in den Heiligen Schriften, dass der Menschensohn vieles erleiden muss und verachtet sein wird? Doch ich sage euch: Elija ist schon gekommen, und auch mit ihm haben sie gemacht, was sie wollten. So ist es ja auch über ihn geschrieben.«

JESUS HEILT
EIN BESESSENES
KIND UND MAHNT
VERTRAUEN AN
[9,14-29]

Als sie zu den anderen Jüngern zurückkamen, fanden sie diese im Streit mit einigen Gesetzeslehrern und umringt von einer großen Menschenmenge. Sobald die Menschen Jesus sahen, gerieten sie in Aufregung; sie liefen zu ihm hin und begrüßten ihn.

Jesus fragte sie: »Was streitet ihr mit meinen Jüngern?«

Ein Mann aus der Menge gab ihm zur Antwort: »Lehrer, ich habe meinen Sohn zu dir gebracht; er ist von einem bösen Geist besessen, darum kann er nicht sprechen. Immer wenn dieser Geist ihn packt, wirft er ihn zu Boden. Schaum steht dann vor seinem Mund, er knirscht mit den Zähnen und sein ganzer Körper wird steif. Ich habe deine Jünger gebeten, den bösen Geist auszutreiben, aber sie konnten es nicht.«

Da sagte Jesus zu allen, wie sie dastanden: »Was ist das für eine Generation, die Gott nichts zutraut! Wie lang soll ich noch bei euch aushalten und euch ertragen? Bringt den Jungen her!«

Sie brachten ihn zu Jesus. Sobald der böse Geist Jesus erblickte, zerrte er das Kind hin und her; es fiel hin und wälzte sich mit Schaum vor dem Mund auf der Erde.

»Wie lange hat er das schon?«, fragte Jesus.

»Von klein auf«, sagte der Vater, »und oft hat der böse Geist ihn auch schon ins Feuer oder ins Wasser geworfen, um ihn umzubringen. Hab doch Erbarmen mit uns und hilf uns, wenn du kannst!«

»Was heißt hier: ›Wenn du kannst‹?«, sagte Jesus. »Wer Gott vertraut, dem ist alles möglich.«

Da rief der Vater: »Ich vertraue ihm ja – und kann es doch nicht! Hilf mir vertrauen!«

Jesus sah, dass immer mehr Leute zusammenliefen; da sagte er drohend zu dem bösen Geist: »Du stummer und tauber Geist, ich befehle dir: Fahr aus aus diesem Kind und komm nie wieder zurück!«

Der Geist schrie anhaltend und zerrte den Jungen wie wild hin und her, dann fuhr er aus ihm aus. Der Junge lag wie leblos am Boden, sodass die Leute schon sagten: »Er ist tot.« Aber Jesus nahm ihn bei der Hand und richtete ihn auf, und er stand auf.

Als Jesus später im Haus war, fragten ihn seine Jünger: »Warum konnten wir den bösen Geist nicht austreiben?«
Er gab ihnen zur Antwort: »Nur durch Gebet können solche Geister ausgetrieben werden.«

Sie gingen von dort weiter und zogen durch Galiläa. Jesus wollte nicht, dass es bekannt wurde, denn ihm lag daran, seinen Jüngern zu erklären, was ihm bevorstand.
Er sagte zu ihnen: »Der Menschensohn wird nach dem Willen Gottes an die Menschen ausgeliefert werden, und sie werden ihn töten. Doch drei Tage nach seinem Tod wird er auferstehen.«
Die Jünger wussten mit dem, was Jesus da sagte, nichts anzufangen; aber sie scheuten sich, ihn zu fragen.

JESUS KÜNDIGT ZUM ZWEITEN MAL SEINEN TOD AN [9,30-32]

Sie kamen nach Kafarnaum. Im Haus angelangt, fragte Jesus seine Jünger: »Worüber habt ihr euch unterwegs gestritten?«
Sie schwiegen, denn sie hatten sich gestritten, wer von ihnen wohl der Größte wäre.
Da setzte Jesus sich hin, rief die Zwölf zu sich und sagte zu ihnen: »Wer der Erste sein will, der muss der Letzte von allen werden und allen anderen dienen!«
Und er winkte ein Kind heran, stellte es in ihre Mitte, nahm es in seine Arme und sagte zu ihnen: »Wer in meinem Namen solch ein Kind aufnimmt, nimmt mich auf. Und wer mich aufnimmt, nimmt nicht nur mich auf, sondern gleichzeitig den, der mich gesandt hat.«

WER IST DER GRÖSSTE? [9,33-37]

Johannes sagte zu Jesus: »Lehrer, wir haben da einen Mann gesehen, der hat deinen Namen dazu benutzt, böse Geister auszutreiben. Wir haben versucht, ihn daran zu hindern, weil er nicht zu uns gehört.«
»Lass ihn doch!«, sagte Jesus. »Wer meinen Namen gebraucht, um Wunder zu tun, kann nicht im nächsten Augenblick schlecht von mir reden. Wer nicht gegen uns ist, ist für uns!
Wer euch nur einen Schluck Wasser zu trinken gibt, weil ihr zu Christus gehört – ich versichere euch, ein solcher Mensch wird ganz gewiss seinen Lohn erhalten!«

WER NICHT GEGEN UNS IST, IST FÜR UNS [9,38-41]

»Wer einen dieser kleinen, unbedeutenden Menschen, die mir vertrauen, an mir irrewerden lässt, der käme noch gut weg, wenn er mit einem Mühlstein um den Hals ins Meer geworfen würde.
Wenn deine Hand dich zur Sünde verführt, dann hau sie ab! Es ist besser für dich, mit nur einer Hand ewig bei Gott zu leben, als mit beiden Händen in die Hölle zu kommen, in das Feuer, das nie ausgeht. Und wenn dein Fuß dich zur Sünde verführt, dann hau ihn ab! Es ist besser für dich, mit nur einem Fuß ewig bei Gott zu leben, als mit beiden Füßen in die Hölle geworfen zu werden. Und wenn dein Auge dich zur Sünde verführt, dann reiß es aus! Es ist besser für dich, mit nur einem Auge in die neue Welt Gottes zu kommen, als mit beiden Augen in die Hölle geworfen zu werden, wo die Qual nicht aufhört und das Feuer nicht ausgeht.«

WARNUNG VOR JEDER ART VON VERFÜHRUNG [9,42-48]

»Zu jeder Opfergabe gehört das Salz und zu jedem von euch das Feuer des Leidens, das euch reinigt und bewahrt.
Salz ist etwas Gutes; wenn es aber seine Kraft verliert, wodurch wollt ihr sie ihm wiedergeben? Zeigt, dass ihr die Kraft des Salzes in euch habt: Haltet Frieden untereinander!«

EIN ERNSTES WORT AN DIE JÜNGER [9,49-50]

JESUS BRICHT
AUF NACH JUDÄA
[10,1]

Dann brach Jesus von dort auf und zog nach Judäa und in das Gebiet auf der anderen Seite des Jordans. Auch dort versammelten sich viele Menschen bei ihm, und wie immer sprach er zu ihnen.

ÜBER DIE
EHESCHEIDUNG
[10,2-12]

Da kamen einige Pharisäer und versuchten, ihm eine Falle zu stellen. Sie fragten ihn: »Ist es einem Mann erlaubt, seine Frau wegzuschicken?« Jesus antwortete mit der Gegenfrage: »Was hat Mose euch denn für eine Vorschrift gegeben?«

Sie erwiderten: »Mose hat erlaubt, dass ein Mann seiner Frau eine Scheidungsurkunde ausstellen und sie dann wegschicken kann.«

Da sagte Jesus: »Mose hat euch diese Vorschrift nur gegeben, weil ihr euer Herz gegen Gott verhärtet habt – und damit eure Hartherzigkeit ans Licht kommt.

Gott hat am Anfang den Menschen als Mann und Frau geschaffen. Deshalb verlässt ein Mann Vater und Mutter, um mit seiner Frau zu leben. Die zwei sind dann eins, mit Leib und Seele. Sie sind also nicht mehr zwei, sondern eins. Und was Gott zusammengefügt hat, das sollen Menschen nicht scheiden.«

Als sie dann im Haus waren, baten die Jünger Jesus wieder um eine Erklärung, und er sagte zu ihnen: »Wer sich von seiner Frau trennt und eine andere heiratet, begeht Ehebruch gegenüber seiner ersten Frau. Und auch umgekehrt: Eine Frau, die sich von ihrem Mann trennt und einen andern heiratet, begeht Ehebruch.«

JESUS UND
DIE KINDER
[10,13-16]

Einige Leute wollten ihre Kinder zu Jesus bringen, damit er sie berühre; aber seine Jünger fuhren sie an und wollten sie wegschicken.

Als Jesus es bemerkte, wurde er zornig und sagte zu den Jüngern: »Lasst die Kinder doch zu mir kommen und hindert sie nicht daran; denn für Menschen wie sie steht Gottes neue Welt offen. Ich versichere euch: Wer sich Gottes neue Welt nicht schenken lässt wie ein Kind, wird niemals hineinkommen.«

Dann nahm er die Kinder in die Arme, legte ihnen die Hände auf und segnete sie.

DIE GEFAHR
DES REICHTUMS
[10,17-27]

Als Jesus weitergehen wollte, kam ein Mann zu ihm gelaufen, warf sich vor ihm auf die Knie und fragte: »Guter Lehrer, was muss ich tun, um das ewige Leben zu bekommen?«

Jesus antwortete: »Warum nennst du mich gut? Nur einer ist gut: Gott! Und seine Gebote kennst du doch: Du sollst nicht morden, nicht die Ehe brechen, nicht stehlen, nichts Unwahres über deinen Mitmenschen sagen, niemand berauben; ehre deinen Vater und deine Mutter!«

»Lehrer«, erwiderte der Mann, »diese Gebote habe ich von Jugend an alle befolgt.«

Jesus sah ihn an; er gewann ihn lieb und sagte zu ihm: »Eines fehlt dir: Geh, verkauf alles, was du hast, und gib das Geld den Armen, so wirst du bei Gott einen unverlierbaren Besitz haben. Und dann komm und folge mir!«

Der Mann war enttäuscht über das, was Jesus ihm sagte, und ging traurig weg; denn er hatte großen Grundbesitz.

Jesus sah seine Jünger der Reihe nach an und sagte: »Wie schwer haben es doch die Besitzenden, in die neue Welt Gottes zu kommen!«

Die Jünger erschraken über seine Worte, aber Jesus sagte noch einmal: »Ja, Kinder, es ist sehr schwer, dort hineinzukommen! Eher kommt ein Kamel durch ein Nadelöhr als ein Reicher in Gottes neue Welt.«

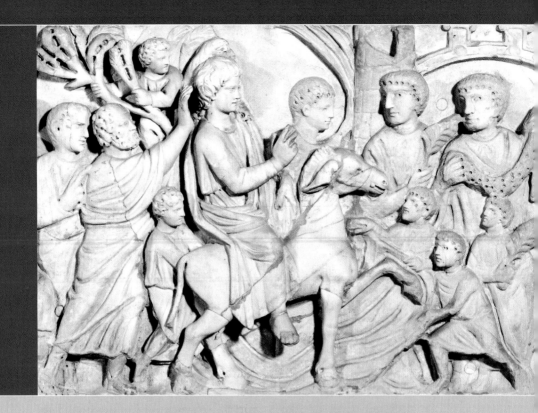

Viele Menschen breiteten ihre Kleider als Teppich auf die Straße. Andere rissen Zweige von den Büschen auf den Feldern und legten sie auf den Weg (Markus 11,8)

Der Einzug in Jerusalem (Markus 11,1-11)
auf einem Fries-Sarkophag, um 375-400 n. Chr.,
Vatikanische Museen, Museo Pio Cristiano, Inv. 31461 [vgl. S. 80].

Da gerieten die Jünger völlig außer sich. »Wer kann dann überhaupt gerettet werden?«, fragten sie einander.

Jesus sah sie an und sagte: »Wenn es auf die Menschen ankommt, ist es unmöglich, aber nicht, wenn es auf Gott ankommt. Für Gott ist alles möglich.«

DER LOHN
FÜR DIE, DIE ALLES
AUFGEGEBEN HABEN
[10,28-31]

Da sagte Petrus zu Jesus: »Du weißt, wir haben alles stehen und liegen lassen und sind dir gefolgt.«

Jesus antwortete: »Ich versichere euch: Niemand bleibt unbelohnt, der um meinetwillen und um die Gute Nachricht weiterzusagen etwas aufgibt. Wer dafür irgendetwas zurücklässt – Haus oder Brüder oder Schwestern oder Mutter oder Vater oder Kinder oder Felder –, wird das Zurückgelassene hundertfach neu bekommen: zunächst noch in dieser Welt Häuser und Brüder und Schwestern und Mütter und Kinder und Felder, wenn auch mitten in Verfolgungen, und in der kommenden Welt das ewige Leben.

Aber viele, die jetzt vorn sind, werden dann am Schluss stehen, und viele, die jetzt die Letzten sind, werden schließlich die Ersten sein.«

JESUS KÜNDIGT
ZUM DRITTEN MAL
SEINEN TOD AN
[10,32-34]

Sie waren unterwegs nach Jerusalem; Jesus ging ihnen voran. Alle, die dabei waren, wunderten sich; die Jünger aber hatten Angst.

Wieder nahm Jesus die Zwölf beiseite und machte ihnen klar, was bald mit ihm geschehen werde. »Hört zu!«, sagte er. »Wir gehen jetzt nach Jerusalem. Dort wird der Menschensohn nach dem Willen Gottes den führenden Priestern und den Gesetzeslehrern ausgeliefert werden. Sie werden ihn zum Tod verurteilen und den Fremden übergeben, die Gott nicht kennen. Die werden ihren Spott mit ihm treiben, ihn anspucken, auspeitschen und töten; doch nach drei Tagen wird er vom Tod auferstehen.«

NICHT HERRSCHEN,
SONDERN DIENEN
[10,35-45]

Da gingen Jakobus und Johannes, die Söhne von Zebedäus, zu Jesus hin und sagten zu ihm: »Lehrer, wir möchten, dass du uns eine Bitte erfüllst!«

»Was möchtet ihr denn?«, fragte sie Jesus. »Was soll ich für euch tun?«

Sie sagten: »Wir möchten, dass du uns rechts und links neben dir sitzen lässt, wenn du deine Herrschaft angetreten hast!«

Jesus sagte zu ihnen: »Ihr wisst nicht, was ihr da verlangt! Könnt ihr den Kelch trinken, den ich trinke? Könnt ihr die Taufe auf euch nehmen, mit der ich getauft werde?«

»Das können wir!«, sagten sie.

Jesus erwiderte: »Ihr werdet tatsächlich den gleichen Kelch trinken wie ich und mit der Taufe getauft werden, die mir bevorsteht. Aber ich kann nicht darüber verfügen, wer rechts und links neben mir sitzen wird. Auf diesen Plätzen werden die sitzen, die Gott dafür bestimmt hat.«

Die anderen zehn hatten das Gespräch mit angehört und ärgerten sich über Jakobus und Johannes. Da rief Jesus alle zwölf zu sich her und sagte: »Ihr wisst: Die Herrscher der Völker, ihre Großen, unterdrücken ihre Leute und lassen sie ihre Macht spüren. Bei euch muss es anders sein! Wer von euch groß sein will, soll euer Diener sein, und wer der Erste sein will, soll allen anderen Sklavendienste leisten.

Auch der Menschensohn ist nicht gekommen, um sich bedienen zu lassen, sondern um zu dienen und sein Leben als Lösegeld für alle Menschen hinzugeben.«

Sie kamen nach Jericho. Als Jesus die Stadt wieder verließ, gefolgt von seinen Jüngern und einer großen Menschenmenge, saß da am Straßenrand ein Blinder und bettelte. Es war Bartimäus, der Sohn von Timäus. Als er hörte, dass es Jesus von Nazaret war, der da vorbeikam, fing er an, laut zu rufen: »Jesus, Sohn Davids! Hab Erbarmen mit mir!« Viele fuhren ihn an, er solle still sein; aber er schrie nur noch lauter: »Sohn Davids, hab Erbarmen mit mir!«

Da blieb Jesus stehen und sagte: »Ruft ihn her!«

Einige liefen zu dem Blinden hin und sagten zu ihm: »Fasse Mut, steh auf! Jesus ruft dich!«

Da warf der Blinde seinen Mantel ab, sprang auf und kam zu Jesus.

»Was willst du?«, fragte Jesus. »Was soll ich für dich tun?«

Der Blinde sagte: »Rabbuni, ich möchte wieder sehen können!«

Jesus antwortete: »Geh nur, dein Vertrauen hat dir geholfen!«

Im gleichen Augenblick konnte er sehen und folgte Jesus auf seinem Weg.

11 ▷ Kurz vor Jerusalem kamen sie zu den Ortschaften Betfage und Betanien am Ölberg. Dort schickte Jesus zwei seiner Jünger fort mit dem Auftrag: »Geht in das Dorf da drüben! Gleich am Ortseingang werdet ihr einen jungen Esel angebunden finden, auf dem noch nie ein Mensch geritten ist. Bindet ihn los und bringt ihn her! Und wenn jemand fragt: ›Warum macht ihr das?‹, dann antwortet: ›Der Herr braucht ihn und wird ihn gleich wieder zurückschicken.‹«

Die beiden gingen hin und fanden tatsächlich den jungen Esel draußen auf der Straße an einem Hoftor angebunden. Als sie ihn losmachten, sagten ein paar Leute, die dort standen: »Was tut ihr da? Warum bindet ihr den Esel los?« Da sagten sie, was Jesus ihnen aufgetragen hatte, und die Leute ließen sie machen.

Die beiden Jünger brachten den Esel zu Jesus und legten ihre Kleider über das Tier, und Jesus setzte sich darauf. Viele Menschen breiteten ihre Kleider als Teppich auf die Straße. Andere rissen Zweige von den Büschen auf den Feldern und legten sie auf den Weg.

Die Menschen, die Jesus vorausliefen und die ihm folgten, riefen immer wieder: »Gepriesen sei Gott! Heil dem, der in seinem Auftrag kommt! Heil der Herrschaft unseres Vaters David, die jetzt anbricht! Gepriesen sei Gott in der Höhe!«

So zog Jesus nach Jerusalem hinein und ging in den Tempel. Dort sah er sich alles an. Doch weil es schon spät geworden war, verließ er die Stadt wieder und ging nach Betanien, zusammen mit dem Kreis der Zwölf.

Als sie Betanien am nächsten Morgen wieder verließen, bekam Jesus Hunger. Da sah er in einiger Entfernung einen Feigenbaum, der schon Blätter trug. Er ging hin, um zu sehen, ob nicht Früchte an ihm wären. Aber er fand nichts als Blätter, denn es war nicht die Jahreszeit für Feigen.

Da sagte Jesus zu dem Feigenbaum: »Von dir soll nie mehr jemand Feigen essen!« Seine Jünger konnten es hören.

In Jerusalem ging Jesus wieder in den Tempel. Dort begann er, die Händler und Käufer hinauszujagen. Er stieß die Tische der Geldwechsler und die Stände der Taubenverkäufer um und ließ nicht zu, dass jemand irgendetwas durch den Vorhof des Tempels trug.

Dazu sagte er ihnen: »Steht nicht in den Heiligen Schriften, dass Gott erklärt hat: ›Mein Tempel soll eine Stätte sein, an der alle Völker zu mir beten können‹? Ihr aber habt eine Räuberhöhle daraus gemacht!«

Als das die führenden Priester und die Gesetzeslehrer hörten, suchten sie nach einer Möglichkeit, Jesus umzubringen. Sie fürchteten seinen Einfluss, denn die Volksmenge war tief beeindruckt von dem, was er sagte.

Am Abend verließ Jesus mit seinen Jüngern wieder die Stadt.

VORZEICHEN DES GERICHTS ÜBER ISRAEL. GRUNDLAGEN DER JÜNGEREXISTENZ [11,20-26]

Früh am nächsten Morgen kamen sie wieder an dem Feigenbaum vorbei. Er war bis in die Wurzel abgestorben. Da erinnerte sich Petrus und sagte zu Jesus: »Rabbi, sieh, der Feigenbaum, den du verflucht hast, ist verdorrt!«

Jesus antwortete: »Habt Vertrauen zu Gott! Ich versichere euch: Wenn jemand zu diesem Berg sagt: ›Auf, stürze dich ins Meer!‹, und hat keinerlei Zweifel, sondern vertraut fest darauf, dass es geschieht, dann geschieht es auch.

Deshalb sage ich euch: Wenn ihr Gott um irgendetwas bittet, müsst ihr nur darauf vertrauen, dass er eure Bitte schon erfüllt hat, dann wird sie auch erfüllt.

Aber wenn ihr betet, sollt ihr euren Mitmenschen vergeben, falls ihr etwas gegen sie habt, damit euer Vater im Himmel auch euch die Verfehlungen vergibt.«

WOHER HAT JESUS DIE VOLLMACHT? [11,27-33]

Dann gingen sie wieder nach Jerusalem hinein. Als Jesus dort im Tempel umherging, kamen die führenden Priester, die Gesetzeslehrer und die Ratsältesten zu ihm und sagten: »Woher nimmst du das Recht, hier so aufzutreten? Wer hat dir die Vollmacht dazu gegeben?«

Jesus erwiderte: »Ich habe nur eine Frage an euch. Die beantwortet mir, dann werde ich euch sagen, mit welchem Recht ich so handle. Sagt mir: Woher hatte der Täufer Johannes den Auftrag, zu taufen? Von Gott oder von Menschen?«

Sie überlegten: »Wenn wir sagen ›Von Gott‹, wird er fragen: ›Warum habt ihr dann Johannes nicht geglaubt?‹ Aber können wir etwa sagen ›Von Menschen‹?« Dafür hatten sie zu viel Angst vor der Menge; denn alle waren überzeugt, dass Johannes wirklich ein Prophet war. So sagten sie zu Jesus: »Wir wissen es nicht.«

»Gut«, erwiderte Jesus, »dann sage ich euch auch nicht, wer mich bevollmächtigt hat.«

DAS GLEICHNIS VON DEN BÖSEN WEINBERGSPÄCHTERN [12,1-12]

Dann wandte sich Jesus mit einem Gleichnis an sie. Er sagte: »Ein Mann legte einen Weinberg an, machte einen Zaun darum, baute eine Weinpresse und errichtete einen Wachtturm. Dann verpachtete er den Weinberg und verreiste.

Zur gegebenen Zeit schickte er einen Boten zu den Pächtern, um seinen Anteil am Ertrag des Weinbergs abholen zu lassen. Die Pächter aber verprügelten den Boten und ließen ihn unverrichteter Dinge abziehen. Der Besitzer schickte einen zweiten, dem schlugen sie den Kopf blutig und behandelten ihn auf die schimpflichste Weise.

Da schickte er einen weiteren Boten. Den brachten sie sogar um. Und so machten sie es noch mit vielen anderen, die er schickte: Die einen wurden misshandelt, die anderen umgebracht.

Schließlich blieb ihm nur noch sein eigener Sohn, dem seine ganze Liebe galt. Den schickte er zu den Pächtern, weil er sich sagte: ›Vor meinem Sohn werden sie Respekt haben.‹

12

Und als sie bei Tisch waren und aßen (Markus 14,18)

Bruchstücke eines Sarkophagdeckels mit Mahlszenen, um 275-300 n. Chr.,
Vatikanische Museen, Museo Pio Cristiano, Inventar-Nr. 31526; 31491.

Die Mahlszenen auf frühchristlichen Sarkophagen sind heidnischen Ursprungs
und Vorbild für Darstellungen des Abendmahls (Markus 14,17-25).
Doch begegnet uns hier schon der Fisch als Symbol der Eucharistie
(vgl. die Aberciusinschrift, Seite 72) und sieben Körbe
(Fragment Inventar-Nr. 31491) als Hinweis auf die Speisung der Viertansend.

Aber die Pächter sagten zueinander: ›Das ist der Erbe! Wir bringen ihn um, dann gehört seine Erbschaft, der Weinberg, uns!‹ So töteten sie ihn und warfen die Leiche aus dem Weinberg hinaus.

Was wird nun der Besitzer des Weinbergs tun? Er wird selbst kommen, die Pächter töten und den Weinberg anderen anvertrauen. Ihr kennt ja wohl die Stelle in den Heiligen Schriften, wo es heißt:

›Der Stein, den die Bauleute als wertlos weggeworfen haben, ist zum Eckstein geworden. Der Herr hat dieses Wunder vollbracht, und wir haben es gesehen.‹«

Die führenden Priester, die Gesetzeslehrer und die Ratsältesten hätten Jesus gerne festgenommen; denn sie merkten, dass das Gleichnis auf sie gemünzt war. Aber sie hatten Angst vor der Menge. So ließen sie ihn unbehelligt und gingen weg.

DIE FRAGE
NACH DER STEUER
FÜR DEN KAISER
[12,13-17]

Einige Pharisäer und dazu einige Parteigänger von Herodes wurden nun zu Jesus geschickt, um ihm eine verfängliche Frage zu stellen.

Sie kamen zu ihm und sagten: »Lehrer, wir wissen, dass es dir nur um die Wahrheit geht. Du lässt dich nicht von Menschen beeinflussen, auch wenn sie noch so mächtig sind, sondern sagst uns klar und deutlich, wie wir nach Gottes Willen leben sollen. Ist es nach dem Gesetz Gottes erlaubt, dem römischen Kaiser Steuer zu zahlen, oder nicht? Sollen wir es tun oder nicht?«

Jesus erkannte ihre Scheinheiligkeit und sagte: »Ihr wollt mir doch nur eine Falle stellen! Gebt mir eine Silbermünze; ich will sie mir ansehen.«

Sie gaben ihm eine und er fragte: »Wessen Bild und wessen Name sind denn hier aufgeprägt?«

»Das Bild und der Name des Kaisers«, antworteten sie.

Da sagte Jesus: »Dann gebt dem Kaiser, was dem Kaiser gehört – aber gebt Gott, was Gott gehört!«

Solch eine Antwort hatten sie nicht von ihm erwartet.

WERDEN
DIE TOTEN
AUFERSTEHEN?
[12,18-27]

Dann kamen Sadduzäer zu Jesus. Die Sadduzäer bestreiten, dass die Toten auferstehen werden.

»Lehrer«, sagten sie, »Mose hat uns die Vorschrift gegeben: ›Wenn ein Mann stirbt und eine Frau hinterlässt, aber kein Kind, dann muss sein Bruder die Witwe heiraten und dem Verstorbenen Nachkommen verschaffen.‹

Nun gab es einmal sieben Brüder. Der älteste heiratete und starb kinderlos. Darauf heiratete der zweite die Witwe, starb aber auch kinderlos. Beim dritten war es genauso. Alle sieben heirateten sie und starben ohne Nachkommen. Zuletzt starb auch die Frau.

Wie ist das nun bei der Auferstehung der Toten – wenn es eine gibt? Wem von den Männern soll die Frau dann gehören? Sie war ja mit allen sieben verheiratet!«

Jesus erwiderte: »Liegt euer Fehler nicht darin, dass ihr weder die Heiligen Schriften kennt noch wisst, was Gott in seiner Macht tun kann? Wenn die Toten auferstehen, werden sie nicht mehr heiraten, sondern sie werden leben wie die Engel im Himmel.

Was aber die Sache mit den Toten überhaupt betrifft, dass sie nämlich auferweckt werden: Habt ihr nie im Buch Moses die Geschichte vom brennenden Dornbusch gelesen und wie Gott dort zu Mose sagt: ›Ich bin der Gott Abrahams, der Gott Isaaks und der Gott Jakobs‹? Gott ist doch nicht ein Gott von Toten, sondern von Lebenden! Ihr seid also ganz und gar im Irrtum.«

Ein Gesetzeslehrer hatte dieser Auseinandersetzung zugehört. Er war davon beeindruckt, wie Jesus den Sadduzäern geantwortet hatte, und so fragte er ihn: »Welches ist das wichtigste von allen Geboten des Gesetzes?«

DAS WICHTIGSTE GEBOT [12,28-34]

Jesus sagte: »Das wichtigste Gebot ist dieses: ›Höre, Israel! Der Herr ist unser Gott, der Herr und sonst keiner. Darum liebt ihn von ganzem Herzen und mit ganzem Willen, mit ganzem Verstand und mit aller Kraft.‹ Das zweite ist: ›Liebe deinen Mitmenschen wie dich selbst!‹ Es gibt kein Gebot, das wichtiger ist als diese beiden.«

Da sagte der Gesetzeslehrer zu Jesus: »Du hast vollkommen Recht, Lehrer! Es ist so, wie du sagst: Nur einer ist Gott, und es gibt keinen Gott außer ihm. Ihn zu lieben von ganzem Herzen, mit ganzem Verstand und mit aller Kraft und unsere Mitmenschen zu lieben wie uns selbst, das ist viel wichtiger als alle die Brandopfer und anderen Opfer, die wir ihm darbringen.«

Jesus fand, dass der Gesetzeslehrer vernünftig geantwortet hatte, und sagte zu ihm: »Du bist nicht weit weg von der neuen Welt Gottes.« Von da an wagte es niemand mehr, ihn noch etwas zu fragen.

DAVIDS SOHN ODER DAVIDS HERR? [12,35-37A]

Nach diesen Auseinandersetzungen im Tempel stellte Jesus zuletzt selbst eine Frage an alle. Er sagte: »Wie können die Gesetzeslehrer behaupten, dass der versprochene Retter ein Sohn Davids ist? David selbst sagte doch, erleuchtet vom Heiligen Geist:
›Gott, der Herr, sagte zu meinem Herrn: Setze dich an meine rechte Seite! Ich will dir deine Feinde unterwerfen, sie als Schemel unter deine Füße legen.‹
David selbst nennt ihn also ›Herr‹ – wie kann er dann sein Sohn sein?«

JESUS WARNT VOR DEN GESETZESLEHRERN [12,37B-40]

Die Menschenmenge hörte Jesus gerne zu. Als er zu ihnen redete, warnte er sie:
»Nehmt euch in Acht vor den Gesetzeslehrern! Sie zeigen sich gern in ihren Talaren und lassen sich auf der Straße respektvoll grüßen. Beim Gottesdienst sitzen sie in der vordersten Reihe, und bei Festmählern nehmen sie die Ehrenplätze ein. Sie sprechen lange Gebete, um einen guten Eindruck zu machen; in Wahrheit aber sind sie Betrüger, die schutzlose Witwen um ihren Besitz bringen. Sie werden einmal besonders streng bestraft werden.«

DAS OPFER DER WITWE [12,41-44]

Dann setzte sich Jesus im Tempel in der Nähe des Schatzhauses hin und beobachtete, wie die Besucher des Tempels Geld in die Opferkästen warfen. Viele wohlhabende Leute gaben großzügig. Dann kam eine arme Witwe und steckte zwei kleine Kupfermünzen hinein – zusammen so viel wie ein Groschen.

Da rief Jesus seine Jünger zu sich heran und sagte zu ihnen: »Ich versichere euch: Diese arme Witwe hat mehr gegeben als alle anderen. Die haben alle nur etwas von ihrem Überfluss abgegeben. Sie aber hat alles hergegeben, was sie selbst dringend zum Leben gebraucht hätte.«

ANKÜNDIGUNG DER ZERSTÖRUNG DES TEMPELS [13,1-2]

Als Jesus danach den Tempel verließ, sagte einer seiner Jünger zu ihm: »Lehrer, sieh doch nur diese gewaltigen Steine und diese prachtvollen Gebäude!«
Da sagte Jesus: »Du bewunderst diese mächtigen Bauten? Hier wird kein Stein auf dem andern bleiben. Alles wird bis auf den Grund zerstört werden!«

DER ANFANG
VOM ENDE
[13,3-8]

Dann ging Jesus auf den Ölberg. Dort setzte er sich dem Tempel gegenüber nieder. Petrus, Jakobus, Johannes und Andreas waren bei ihm. Sie fragten ihn: »Sag uns, wann wird das geschehen? Und woran können wir erkennen, dass das Ende von allem bevorsteht?«

Jesus sagte zu ihnen: »Seid auf der Hut und lasst euch von niemand täuschen! Viele werden unter meinem Namen auftreten und von sich behaupten: ›Ich bin es!‹ Damit werden sie viele irreführen.

Erschreckt nicht, wenn nah und fern Kriege ausbrechen. Es muss so kommen, aber das ist noch nicht das Ende. Ein Volk wird gegen das andere kämpfen, ein Staat den andern angreifen. In vielen Ländern wird es Erdbeben und Hungersnöte geben. Das ist aber erst der Anfang vom Ende – der Beginn der Geburtswehen.«

DIE VERFOLGUNG
DER JÜNGER
[13,9-13]

»Was euch angeht, so seid darauf gefasst, dass sie euch an die Gerichte ausliefern und in den Synagogen auspeitschen werden. Auch vor Statthaltern und Königen werdet ihr stehen um meinetwillen, um auch vor ihnen als Zeugen für mich auszusagen; denn nach Gottes Plan muss die Gute Nachricht allen Völkern verkündet werden, bevor das Ende kommt.

Wenn sie euch verhaften und an die Gerichte ausliefern, dann macht euch keine Sorgen, wie ihr euch verteidigen sollt. Sagt, was euch in dem Augenblick eingegeben wird. Denn nicht ihr werdet dann reden, sondern der Heilige Geist wird aus euch sprechen.

Ein Bruder wird den andern dem Henker ausliefern und ein Vater seine Kinder. Kinder werden sich gegen ihre Eltern stellen und sie in den Tod schicken. Alle Menschen werden euch hassen, weil ihr euch zu mir bekennt. Aber wer bis zum Ende standhaft bleibt, wird gerettet werden.«

DIE LETZTE
SCHRECKENSZEIT
[13,14-23]

»In den Heiligen Schriften ist die Rede von einem ›entsetzlichen Scheusal‹ – wer das liest, überlege sich, was es bedeutet! Wenn ihr dieses ›entsetzliche Scheusal‹ dort stehen seht, wo es nicht stehen darf, dann sollen die Bewohner Judäas in die Berge fliehen. Wer gerade auf dem Dach ist, soll keine Zeit damit verlieren, erst noch etwas aus dem Haus zu holen. Wer gerade zur Arbeit auf dem Feld ist, soll nicht zurückgehen, um noch sein Obergewand mitzunehmen, das er am Wegrand abgelegt hat. Besonders hart wird es die Frauen treffen, die gerade ein Kind erwarten oder einen Säugling stillen. Bittet Gott, dass es dann nicht gerade Winter ist! Denn was in jenen Tagen geschieht, wird furchtbarer sein als alles, was jemals geschah, seit Gott die Welt erschuf, und als alles, was bis dahin noch geschehen wird. Wenn der Herr diese Schreckenszeit nicht abkürzen würde, dann würde kein Mensch gerettet werden. Er wird sie aber abkürzen – denen zuliebe, die er erwählt hat.

Wenn dann jemand zu euch sagt: ›Seht her, hier ist Christus, der versprochene Retter!‹, oder: ›Dort ist er!‹ – glaubt ihm nicht! Denn es werden so manche mit dem Anspruch auftreten, der versprochene Retter oder ein Prophet zu sein. Sie werden sich durch Aufsehen erregende Wunder ausweisen und würden damit sogar die von Gott Erwählten irreführen, wenn das möglich wäre.

Darum seid auf der Hut! Ich habe euch alles vorausgesagt.«

DER WELTRICHTER
KOMMT
[13,24-27]

»Aber dann, nach dieser Schreckenszeit, wird sich die Sonne verfinstern und der Mond wird nicht mehr scheinen, die Sterne werden vom Himmel fallen und die Ordnung des Himmels wird zusammenbrechen.

»Ich versichere dir: Heute, in dieser Nacht, bevor der Hahn
zweimal kräht, wirst du mich dreimal verleugnen
und behaupten, dass du mich nicht kennst« (Markus 14,30)

Jesus sagt den Verrat des Petrus (Markus 14,27-31) voraus auf einem
Striegel-Sarkophag, um 300-325 n. Chr., und auf einem Säulen-Sarkophag,
um 350 n. Chr., Vatikanische Museen, Museo Pio Cristiano, Inv. 31495, 31475.

Dann kommt der Menschensohn auf den Wolken mit göttlicher Macht und Herrlichkeit, und alle werden ihn sehen. Er wird die Engel in alle Himmelsrichtungen ausschicken, um von überall her die Menschen zusammenzubringen, die er erwählt hat.«

DAS GLEICHNIS
VOM FEIGENBAUM
[13,28-31]

»Lasst euch vom Feigenbaum eine Lehre geben: Wenn der Saft in die Zweige schießt und der Baum Blätter treibt, dann wisst ihr, dass der Sommer bald da ist. So ist es auch, wenn ihr dies alles geschehen seht: Dann wisst ihr, dass das Ende unmittelbar bevorsteht. Ich versichere euch: Diese Generation wird das alles noch erleben.
Himmel und Erde werden vergehen, aber meine Worte vergehen nicht; sie bleiben gültig für immer und ewig.«

DAS ENDE KOMMT
ÜBERRASCHEND
[13,32-37]

»Doch den Tag oder die Stunde, wann das Ende da ist, kennt niemand, auch nicht die Engel im Himmel – nicht einmal der Sohn. Nur der Vater kennt sie.
Seht zu, dass ihr wach bleibt! Denn ihr wisst nicht, wann der Zeitpunkt da ist. Es ist wie bei einem Mann, der verreist. Er verlässt sein Haus und überträgt seinen Dienern die Verantwortung. Jedem weist er seine Aufgabe zu, und dem Türhüter befiehlt er, wachsam zu sein. So sollt auch ihr wach bleiben, weil ihr nicht wisst, wann der Hausherr kommen wird: am Abend, um Mitternacht, beim ersten Hahnenschrei oder wenn die Sonne aufgeht. Wenn er kommt, soll er euch nicht im Schlaf überraschen! Was ich euch vier Jüngern hier sage, das gilt für alle: Bleibt wach!«

PLÄNE GEGEN JESUS
[14,1-2]

Es waren noch zwei Tage bis zum Passafest und dem Fest der Ungesäuerten Brote. Die führenden Priester und die Gesetzeslehrer suchten nach einer Möglichkeit, Jesus heimlich zu verhaften und umzubringen.
»Auf keinen Fall darf es während des Festes geschehen«, sagten sie, »sonst gibt es einen Aufruhr im Volk.«

EINE FRAU
EHRT JESUS VOR
SEINEM STERBEN
[14,3-9]

Jesus war in Betanien bei Simon, dem Aussätzigen, zu Gast. Während des Essens kam eine Frau herein. Sie hatte ein Fläschchen mit reinem, kostbarem Nardenöl. Das öffnete sie und goss Jesus das Öl über den Kopf.
Einige der Anwesenden waren empört darüber. »Was soll diese Verschwendung?«, sagten sie zueinander. »Dieses Öl hätte man für mehr als dreihundert Silberstücke verkaufen und das Geld den Armen geben können!« Sie machten der Frau heftige Vorwürfe.
Aber Jesus sagte: »Lasst sie in Ruhe! Warum bringt ihr sie in Verlegenheit? Sie hat eine gute Tat an mir getan. Arme wird es immer bei euch geben und ihr könnt ihnen helfen, sooft ihr wollt. Aber mich habt ihr nicht mehr lange bei euch.
Sie hat getan, was sie jetzt noch tun konnte: Sie hat meinen Körper im Voraus für das Begräbnis gesalbt. Ich versichere euch: Überall in der Welt, wo in Zukunft die Gute Nachricht verkündet wird, wird auch berichtet werden, was sie getan hat. Ihr Andenken wird immer lebendig bleiben.«

JUDAS WIRD
ZUM VERRÄTER
[14,10-11]

Darauf ging Judas Iskariot, einer aus dem Kreis der Zwölf, zu den führenden Priestern, um ihnen Jesus in die Hände zu spielen. Sie freuten sich darüber und versprachen ihm Geld.
Von da an suchte Judas eine günstige Gelegenheit, Jesus zu verraten.

Darauf fragte der Oberste Priester ihn: »Bist du Christus, der versprochene Retter, der Sohn Gottes?« (Markus 14,61)

Jesus vor dem Obersten Priester (Markus 14,53-64) auf einem Fries-Sarkophag, um 300-325 n. Chr., Vatikanische Museen, Museo Pio Cristiano, Inv. 31542 [vgl. S. 12].

»Natürlich gehörst du zu denen, du bist doch auch aus Galiläa!« (Markus 14,70)

Petrus verleugnet Jesus (Markus 14,66-72) auf einem Fries-Sarkophag, um 300-325 n. Chr., Vatikanische Museen, Museo Pio Cristiano, Inv. 31542 [vgl. S. 12].

VORBEREITUNGEN
ZUM PASSAMAHL
[14,12-16]

Es kam der erste Tag der Festwoche, während der ungesäuertes Brot gegessen wird, der Tag, an dem die Passalämmer geschlachtet werden. Da fragten die Jünger Jesus: »Wo sollen wir für dich das Passamahl vorbereiten?«

Jesus schickte zwei von ihnen mit dem Auftrag weg: »Geht in die Stadt! Dort werdet ihr einen Mann treffen, der einen Wasserkrug trägt. Folgt ihm, bis er in ein Haus hineingeht, und sagt dem Hausherrn dort: ›Unser Lehrer lässt fragen: Welchen Raum kannst du mir zur Verfügung stellen, dass ich dort mit meinen Jüngern das Passamahl feiere?‹ Dann wird er euch ein großes Zimmer im Obergeschoss zeigen, das mit Polstern ausgestattet und schon zur Feier hergerichtet ist. Dort bereitet alles für uns vor.«

Die beiden gingen in die Stadt. Sie fanden alles so, wie Jesus es ihnen gesagt hatte, und bereiteten das Passamahl vor.

JESUS FEIERT MIT
DEN ZWÖLF DAS
ABSCHIEDSMAHL
[14,17-26]

Als es Abend geworden war, kam Jesus mit den Zwölf dorthin. Während der Mahlzeit sagte er: »Ich versichere euch: Einer von euch wird mich verraten – einer, der jetzt mit mir isst.«

Sie waren bestürzt, und einer nach dem andern fragte ihn: »Du meinst doch nicht mich?«

Jesus antwortete: »Einer von euch zwölf wird es tun; einer, der sein Brot mit mir in dieselbe Schüssel taucht. Der Menschensohn muss zwar sterben, wie es in den Heiligen Schriften angekündigt ist. Aber wehe dem Menschen, der den Menschensohn verrät! Er wäre besser nie geboren worden!«

Während der Mahlzeit nahm Jesus ein Brot, sprach das Segensgebet darüber, brach es in Stücke und gab es ihnen mit den Worten: »Nehmt, das ist mein Leib!«

Dann nahm er den Becher, sprach darüber das Dankgebet, gab ihnen auch den, und alle tranken daraus. Dabei sagte er zu ihnen: »Das ist mein Blut, das für alle Menschen vergossen wird. Mit ihm wird der Bund in Kraft gesetzt, den Gott jetzt mit den Menschen schließt. Ich sage euch: Ich werde keinen Wein mehr trinken, bis ich ihn neu trinken werde an dem Tag, an dem Gott sein Werk vollendet hat!«

Dann sangen sie die Dankpsalmen und gingen hinaus zum Ölberg.

JESUS SAGT
DAS VERSAGEN
VON PETRUS
VORAUS
[14,27-31]

Unterwegs sagte Jesus zu ihnen: »Ihr werdet alle an mir irrewerden, denn es heißt: ›Ich werde den Hirten töten und die Schafe werden auseinander laufen.‹ Aber wenn ich vom Tod auferweckt worden bin, werde ich euch vorausgehen nach Galiläa.«

Petrus widersprach ihm: »Selbst wenn alle andern an dir irrewerden – ich nicht!«

Jesus antwortete: »Ich versichere dir: Heute, in dieser Nacht, bevor der Hahn zweimal kräht, wirst du mich dreimal verleugnen und behaupten, dass du mich nicht kennst.«

Da sagte Petrus noch bestimmter: »Und wenn ich mit dir sterben müsste, ich werde dich ganz bestimmt nicht verleugnen!«

Das Gleiche sagten auch alle andern.

JESUS BETET
IM GARTEN
GETSEMANI
[14,32-42]

Sie kamen zu einem Grundstück, das Getsemani hieß. Jesus sagte zu seinen Jüngern: »Bleibt hier sitzen, während ich beten gehe!«

Petrus, Jakobus und Johannes nahm er mit. Angst und Schrecken befielen ihn, und er sagte zu ihnen: »Ich bin so bedrückt, ich bin mit meiner Kraft am Ende. Bleibt hier und wacht!«

Dann ging er noch ein paar Schritte weiter und warf sich auf die Erde. Er betete zu Gott, dass er ihm, wenn es möglich wäre, diese schwere

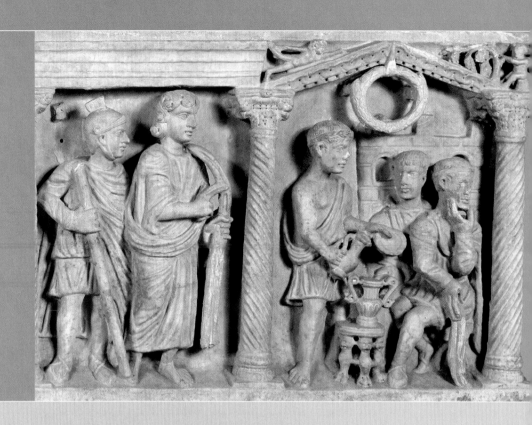

Sie ließen Jesus fesseln, führten ihn ab
und übergaben ihn dem Statthalter Pilatus (Markus 15,1)

Jesus vor Pilatus (Markus 15,1-15) auf dem Sarkophag „der Leidensgeschichte",
um 350 n. Chr., Vatikanische Museen, Museo Pio Cristiano, Inv. 31525 [vgl. S. 78].

Stunde erspare. »Abba, Vater«, sagte er, »alles ist dir möglich! Erspare es mir, diesen Kelch trinken zu müssen! Aber es soll geschehen, was du willst, nicht was ich will.«

Dann kehrte er zu den Jüngern zurück und sah, dass sie eingeschlafen waren. Da sagte er zu Petrus: »Simon, du schläfst? Konntest du nicht eine einzige Stunde wach bleiben?«

Dann sagte er zu ihnen allen: »Bleibt wach und betet, damit ihr in der kommenden Prüfung nicht versagt. Der Geist in euch ist willig, aber eure menschliche Natur ist schwach.«

Noch einmal ging Jesus weg und betete mit den gleichen Worten wie vorher. Als er zurückkam, schliefen sie wieder. Die Augen waren ihnen zugefallen, und sie wussten nicht, was sie ihm antworten sollten.

Als Jesus das dritte Mal zurückkam, sagte er zu ihnen: »Schlaft ihr denn immer noch und ruht euch aus? Genug jetzt, die Stunde ist da! Jetzt wird der Menschensohn an die Menschen, die Sünder, ausgeliefert. Steht auf, wir wollen gehen; er ist schon da, der mich verrät.«

JESUS WIRD VERHAFTET
[14,43-52]

Noch während Jesus das sagte, kam Judas, einer der Zwölf, mit einem Trupp von Männern, die mit Schwertern und Knüppeln bewaffnet waren. Sie waren von den führenden Priestern, den Gesetzeslehrern und den Ratsältesten geschickt worden.

Der Verräter hatte mit ihnen ein Erkennungszeichen ausgemacht: »Wem ich einen Begrüßungskuss gebe, der ist es. Den nehmt fest und führt ihn unter Bewachung ab!«

Judas ging sogleich auf Jesus zu, begrüßte ihn mit »Rabbi!« und küsste ihn so, dass alle es sehen konnten. Da packten sie Jesus und nahmen ihn fest. Aber einer von denen, die dabeistanden, zog sein Schwert, hieb auf den Bevollmächtigten des Obersten Priesters ein und schlug ihm ein Ohr ab.

Jesus sagte zu den Männern: »Warum rückt ihr hier mit Schwertern und Knüppeln an, um mich gefangen zu nehmen? Bin ich denn ein Verbrecher? Täglich war ich bei euch im Tempel und lehrte die Menschen, da habt ihr mich nicht festgenommen. Aber was in den Heiligen Schriften angekündigt wurde, muss in Erfüllung gehen.«

Da verließen ihn alle seine Jünger und flohen.

Ein junger Mann folgte Jesus; er war nur mit einem leichten Überwurf bekleidet. Ihn wollten sie auch festnehmen; aber er riss sich los, ließ sein Kleidungsstück zurück und rannte nackt davon.

JESUS VOR DEM JÜDISCHEN RAT
[14,53-65]

Sie brachten Jesus zum Obersten Priester. Dort versammelten sich alle führenden Priester und alle Ratsältesten und Gesetzeslehrer. Petrus folgte Jesus in weitem Abstand und kam bis in den Innenhof des Palastes. Dort saß er bei den Dienern und wärmte sich am Feuer.

Die führenden Priester und der ganze Rat versuchten, Jesus durch Zeugenaussagen zu belasten, damit sie ihn zum Tod verurteilen könnten; aber es gelang ihnen nicht. Es sagten zwar viele falsche Zeugen gegen Jesus aus, aber ihre Aussagen stimmten nicht überein.

Dann traten einige auf und behaupteten: »Wir haben ihn sagen hören: ›Ich werde diesen Tempel, der von Menschen erbaut wurde, niederreißen und werde in drei Tagen einen anderen bauen, der nicht von Menschen gemacht ist.‹« Aber auch ihre Aussagen widersprachen einander.

Da stand der Oberste Priester auf, trat in die Mitte und fragte Jesus: »Hast du nichts zu sagen zu dem, was diese beiden gegen dich vorbringen?«

Aber Jesus schwieg und sagte kein Wort.

Flochten eine Krone aus Dornenzweigen und setzten sie ihm auf
(Markus 15,17)

Jesus mit Dornenkrone (Markus 15,16-19) auf einem Sarkophag „der Leidensgeschichte",
um 350 n. Chr., Vatikanische Museen, Museo Pio Cristiano, Inv. 31525 [vgl. S. 78].

Sie zwangen einen Mann, der gerade vorbeiging,
für Jesus das Kreuz zu tragen (Markus 15,21)

Simon von Zyrene trägt das Kreuz auf einem Sarkophag „der Leidensgeschichte",
um 350 n. Chr., Vatikanische Museen, Museo Pio Cristiano, Inv. 31525 [vgl. S. 78].

Darauf fragte der Oberste Priester ihn: »Bist du Christus, der versprochene Retter, der Sohn Gottes?«

»Ich bin es«, sagte Jesus, »und ihr werdet den Menschensohn sehen, wie er an der rechten Seite des Allmächtigen sitzt und mit den Wolken des Himmels kommt!«

Da zerriss der Oberste Priester sein Gewand und sagte: »Was brauchen wir noch Zeugen? Ihr habt es selbst gehört, wie er Gott beleidigt hat. Wie lautet euer Urteil?«

Einstimmig erklärten sie, er habe den Tod verdient.

Einige begannen, Jesus anzuspucken. Sie warfen ihm ein Tuch über den Kopf, sodass er nichts sehen konnte; dann schlugen sie ihn mit Fäusten und sagten: »Wer war es? Du bist doch ein Prophet!« Dann nahmen ihn die Gerichtspolizisten vor und gaben ihm Ohrfeigen.

PETRUS
VERLEUGNET JESUS
[14,66-72]

Petrus war noch immer unten im Hof. Eine Dienerin des Obersten Priesters kam vorbei. Als sie Petrus am Feuer bemerkte, sah sie ihn genauer an und meinte: »Du warst doch auch mit dem Jesus aus Nazaret zusammen!«

Petrus stritt es ab: »Ich habe keine Ahnung; ich weiß überhaupt nicht, wovon du redest!« Dann ging er hinaus in die Vorhalle. In dem Augenblick krähte ein Hahn.

Die Dienerin entdeckte Petrus dort wieder und sagte zu den Umstehenden: »Der gehört auch zu ihnen!« Aber er stritt es wieder ab.

Kurz darauf fingen die Umstehenden noch einmal an: »Natürlich gehörst du zu denen, du bist doch auch aus Galiläa!«

Aber Petrus schwor: »Gott soll mich strafen, wenn ich lüge! Ich kenne den Mann nicht, von dem ihr redet.«

In diesem Augenblick krähte der Hahn zum zweiten Mal, und Petrus erinnerte sich daran, dass Jesus zu ihm gesagt hatte: »Bevor der Hahn zweimal kräht, wirst du mich dreimal verleugnen und behaupten, dass du mich nicht kennst.«

Da fing er an zu weinen.

JESUS VOR PILATUS
[15,1-5]

Früh am Morgen schließlich trafen die führenden Priester zusammen mit den Ratsältesten und Gesetzeslehrern – also der ganze jüdische Rat – die Entscheidung: Sie ließen Jesus fesseln, führten ihn ab und übergaben ihn dem Statthalter Pilatus.

Pilatus fragte Jesus: »Bist du der König der Juden?«

»Du sagst es«, gab Jesus zur Antwort.

Die führenden Priester brachten viele Beschuldigungen gegen ihn vor. Pilatus fragte ihn: »Willst du dich nicht verteidigen? Du hast ja gehört, was sie dir alles vorwerfen.«

Aber Jesus sagte kein einziges Wort. Darüber war Pilatus erstaunt.

DAS TODESURTEIL
[15,6-15]

Es war üblich, dass Pilatus zum Passafest einen Gefangenen begnadigte, den das Volk bestimmen durfte.

Damals war gerade ein gewisser Barabbas im Gefängnis, zusammen mit anderen, die während eines Aufruhrs einen Mord begangen hatten. Die Volksmenge zog also zu Pilatus und bat für Barabbas um die übliche Begnadigung.

Pilatus erwiderte: »Soll ich euch nicht den König der Juden freigeben?« Ihm wurde nämlich immer klarer, dass die führenden Priester Jesus nur aus Neid an ihn ausgeliefert hatten.

Doch die führenden Priester redeten auf die Leute ein, sie sollten fordern, dass er ihnen lieber Barabbas freigebe.

»Ihr sucht Jesus aus Nazaret, der ans Kreuz genagelt wurde.
Er ist nicht hier; Gott hat ihn vom Tod auferweckt!« (Markus 16,6)

Das Siegeskreuz des Auferstandenen, ikonographisch als *Anástasis* dargestellt.
Detail eines Sarkophags „der Leidensgeschichte",
um 350 n. Chr., Vatikanische Museen, Museo Pio Cristiano, Inv. 28591 [vgl. S. 78].

Da versuchte es Pilatus noch einmal und fragte sie: »Was soll ich dann mit dem anderen machen, den ihr den König der Juden nennt? Was wollt ihr?«

»Kreuzigen!«, schrien sie.

»Was hat er denn verbrochen?«, fragte Pilatus.

Aber sie schrien noch lauter: »Kreuzigen!«

Um die Menge zufrieden zu stellen, ließ Pilatus ihnen Barabbas frei und gab den Befehl, Jesus mit der Geißel auszupeitschen und zu kreuzigen.

DIE SOLDATEN
VERSPOTTEN JESUS
[15,16-20]

Die Soldaten brachten Jesus in den Innenhof des Palastes, der dem Statthalter als Amtssitz diente, und riefen die ganze Mannschaft zusammen. Sie hängten ihm einen purpurfarbenen Mantel um, flochten eine Krone aus Dornenzweigen und setzten sie ihm auf.

Dann fingen sie an, ihn zu grüßen: »Hoch lebe der König der Juden!«

Sie schlugen ihn mit einem Stock auf den Kopf, spuckten ihn an, knieten vor ihm nieder und huldigten ihm wie einem König.

Nachdem sie so ihren Spott mit ihm getrieben hatten, nahmen sie ihm den Mantel wieder ab, zogen ihm seine eigenen Kleider wieder an und führten ihn hinaus, um ihn ans Kreuz zu nageln.

JESUS AM KREUZ
[15,21-32]

Sie zwangen einen Mann, der gerade vorbeiging, für Jesus das Kreuz zu tragen. Es war Simon aus Zyrene, der Vater von Alexander und Rufus, der gerade vom Feld in die Stadt zurückkam.

Sie brachten Jesus an die Stelle, die Golgota heißt, das bedeutet übersetzt »Schädelplatz«. Dort wollten sie ihm Wein mit einem betäubenden Zusatz zu trinken geben; aber Jesus nahm nichts davon.

Sie nagelten ihn ans Kreuz und verteilten dann untereinander seine Kleider. Durch das Los bestimmten sie, was jeder bekommen sollte. Es war neun Uhr morgens, als sie ihn kreuzigten. Als Grund für seine Hinrichtung hatte man auf ein Schild geschrieben: »Der König der Juden!«

Zugleich mit Jesus kreuzigten sie zwei Verbrecher, einen links und einen rechts von ihm. Die Leute, die vorbeikamen, schüttelten den Kopf und verhöhnten Jesus: »Ha! Du wolltest den Tempel niederreißen und in drei Tagen einen neuen bauen! Dann befreie dich doch und komm herunter vom Kreuz!«

Genauso machten sich die führenden Priester und die Gesetzeslehrer über ihn lustig. »Anderen hat er geholfen«, spotteten sie, »aber sich selbst kann er nicht helfen! Wenn er der versprochene Retter ist, der König von Israel, dann soll er doch jetzt vom Kreuz herunterkommen! Wenn wir das sehen, werden wir ihm glauben.«

Auch die beiden, die mit ihm gekreuzigt waren, beschimpften ihn.

JESUS STIRBT
[15,33-41]

Um zwölf Uhr mittags verfinsterte sich der Himmel über dem ganzen Land. Das dauerte bis um drei Uhr. Gegen drei Uhr schrie Jesus: »Eloï, eloï, lema sabachtani?« – das heißt übersetzt: »Mein Gott, mein Gott, warum hast du mich verlassen?«

Einige von denen, die dabeistanden und es hörten, sagten: »Der ruft nach Elija!« Einer holte schnell einen Schwamm, tauchte ihn in Essig, steckte ihn auf eine Stange und wollte Jesus trinken lassen. Dabei sagte er: »Lasst mich machen! Wir wollen doch sehen, ob Elija kommt und ihn herunterholt.«

Aber Jesus schrie laut auf und starb.

Da zerriss der Vorhang vor dem Allerheiligsten im Tempel von oben bis unten. Der römische Hauptmann aber, der dem Kreuz gegenüberstand

Das leere Grab und die Verkündigung der Auferstehung (Markus 16,1-9)

Verlorener Sarkophag der Vatikanischen Basilika
(aus: Antonio Bosio, *Roma Sotterranea*, 1632).

»Geht in die ganze Welt und verkündet die Gute Nachricht allen Menschen!« (Markus 16,15)

Die Evangelisten auf einem Boot von Christus geleitet
auf dem Fragment eines Sarkophags 325-350 n. Chr.,
Vatikanische Museen, Museo Pio Cristiano, Inv. 31594.

und miterlebte, wie Jesus aufschrie und starb, sagte: »Dieser Mensch war wirklich Gottes Sohn!«

Auch einige Frauen waren da, die alles aus der Ferne beobachteten, unter ihnen Maria aus Magdala und Maria, die Mutter von Jakobus dem Jüngeren und von Joses, sowie Salome. Schon während seines Wirkens in Galiläa waren sie Jesus gefolgt und hatten für ihn gesorgt. Außer ihnen waren noch viele andere Frauen da, die mit Jesus nach Jerusalem gekommen waren.

JESUS WIRD
INS GRAB GELEGT
[15,42-47]

Weil es ein Freitag war, der Vorbereitungstag für den Sabbat, und weil es schon Abend wurde, wagte Josef von Arimathäa, zu Pilatus zu gehen und ihn um den Leichnam von Jesus zu bitten. Josef war ein hoch geachtetes Ratsmitglied und einer von denen, die auch darauf warteten, dass Gott seine Herrschaft aufrichte.

Pilatus war erstaunt zu hören, dass Jesus schon gestorben sei. Er ließ sich daher von dem Hauptmann Bericht erstatten und fragte ihn, ob es sich so verhalte. Als der Hauptmann es ihm bestätigte, überließ er Josef den Leichnam.

Josef kaufte ein Leinentuch, nahm Jesus vom Kreuz und wickelte ihn in das Tuch. Dann legte er ihn in ein Grab, das in einen Felsen gehauen war, und rollte einen Stein vor den Grabeingang.

Maria aus Magdala und Maria, die Mutter von Joses, sahen sich genau an, wo Jesus bestattet worden war.

DIE FRAUEN
AM LEEREN GRAB
[16,1-8]

Am Abend, als der Sabbat vorbei war, kauften Maria aus Magdala und Maria, die Mutter von Jakobus, und Salome wohlriechende Öle, um den Toten damit zu salben. Ganz früh am Sonntagmorgen, als die Sonne gerade aufging, kamen sie zum Grab.

Unterwegs hatten sie noch zueinander gesagt: »Wer wird uns den Stein vom Grabeingang wegrollen?« Denn der Stein war sehr groß. Aber als sie hinsahen, bemerkten sie, dass er schon weggerollt worden war.

Sie gingen in die Grabkammer hinein und sahen dort auf der rechten Seite einen jungen Mann in einem weißen Gewand sitzen.

Sie erschraken sehr. Er aber sagte zu ihnen: »Habt keine Angst! Ihr sucht Jesus aus Nazaret, der ans Kreuz genagelt wurde. Er ist nicht hier; Gott hat ihn vom Tod auferweckt! Hier seht ihr die Stelle, wo sie ihn hingelegt hatten. Und nun geht und sagt seinen Jüngern, vor allem Petrus: ›Er geht euch nach Galiläa voraus. Dort werdet ihr ihn sehen, genau wie er es euch gesagt hat.‹«

Da verließen die Frauen die Grabkammer und flohen. Sie zitterten vor Entsetzen und sagten niemand ein Wort. Solche Angst hatten sie.

DIE
ERSCHEINUNGEN
DES
AUFERSTANDENEN
[16,9-20]

Nachdem Jesus früh am Sonntag auferstanden war, zeigte er sich zuerst Maria aus Magdala, die er von sieben bösen Geistern befreit hatte. Sie ging und berichtete es denen, die früher mit Jesus zusammen gewesen waren und die jetzt trauerten und weinten. Als sie hörten, dass Jesus lebe und Maria ihn gesehen habe, glaubten sie es nicht.

Danach zeigte sich Jesus in fremder Gestalt zwei von ihnen, die zu einem Ort auf dem Land unterwegs waren. Sie kehrten um und erzählten es den anderen, aber die glaubten ihnen auch nicht.

Schließlich zeigte sich Jesus den Elf, während sie beim Essen waren. Er machte ihnen Vorwürfe, weil sie gezweifelt hatten und denen nicht glauben wollten, die ihn nach seiner Auferstehung gesehen hatten.

Dann sagte er zu ihnen: »Geht in die ganze Welt und verkündet die Gute Nachricht allen Menschen! Wer zum Glauben kommt und sich taufen lässt, wird gerettet. Wer nicht glaubt, den wird Gott verurteilen. Die Glaubenden aber werden an folgenden Zeichen zu erkennen sein: In meinem Namen werden sie böse Geister austreiben und in unbekannten Sprachen reden. Wenn sie Schlangen anfassen oder Gift trinken, wird ihnen das nicht schaden, und Kranke, denen sie die Hände auflegen, werden gesund.«

Nachdem Jesus, der Herr, ihnen dies gesagt hatte, wurde er in den Himmel aufgenommen und setzte sich an die rechte Seite Gottes. Die Jünger aber gingen und verkündeten überall die Gute Nachricht. Der Herr half ihnen dabei und bekräftigte die Botschaft durch die Wunder, die er geschehen ließ.

Das Buch des Propheten Jona

EINFÜHRUNG
IN DAS BUCH DES PROPHETEN JONA

VERFASSER
UND ZEIT
Im Alten Testament, dem ersten der beiden Teile der Bibel, wird eine Gruppe von Büchern den Propheten zugeschrieben. Sie hatten den Auftrag, dem Volk den Willen Gottes zu verkünden. Der Prophet Jona war Sohn des Amittai, lebte zur Zeit Jerobeams, der zwischen 787 und 747 vor Christus König in Israel war (vgl. 2. Könige 14,25). Manche Gelehrte geben zu bedenken, dass Stil und Inhalt des Buches eine Entstehung nach dem Babylonischen Exil nahe legen.

Zu jener Zeit kamen Juden in engen Kontakt mit heidnischen Völkern. Der Autor bringt in seiner Lehrerzählung den Landsleuten mit sanfter Ironie die seelische Not des Propheten nahe, der Konflikte und Zweifel in der Begegnung mit einem Gott erlebt, der das Heil aller Menschen will, weil er der Gott aller Menschen ist.

Die Erfahrungen, die der Prophet macht, gleichen denen aller Juden oder aller Menschen, die von Gott zu einer bestimmten Aufgabe berufen wurden.

MERKMALE
Das Buch Jona unterscheidet sich von den anderen Prophetenbüchern dadurch, dass es seine Botschaft in eine Erzählung kleidet, bei der die Hauptperson der Prophet selbst ist. Jona soll auf Geheiß Gottes nach Ninive gehen, der Hauptstadt Assyriens, einem Feind Israels. Dort soll der Prophet Gottes Urteil über die Stadt verkünden. Aber Jona weigert sich und flieht. Erst nach einigen Ereignissen gehorcht er Gott. Die Einwohner Ninives hören Jonas Botschaft und wenden sich ab von ihrem bösen Tun. Daraufhin verzichtet Gott auf die Vollstreckung des Urteils an der Stadt. Weil Jona dies nicht wahrhaben will, erinnert ihn Gott daran, dass er aus Liebe alle retten will, die bereuen und umkehren, auch wenn sie Feinde seines Volkes sind. Gott, der Herr über die gesamte Schöpfung ist, erweist den Menschen, die sich bekehren, seine Güte und vergibt ihnen.

Jesus griff diese Geschichte auf, um seine Auferstehung anzukündigen und um seinen Zeitgenossen Ninives Umkehr als Vorbild hinzustellen (Matthäus 12,38-42).

GLIEDERUNG
Jonas Ungehorsam gegen Gott 1,1–2,1
Das Gebet des Jona 2,2-11
Jona geht nach Ninive 3,1-10
Jonas Zorn und Gottes Wohlwollen 4,1-11

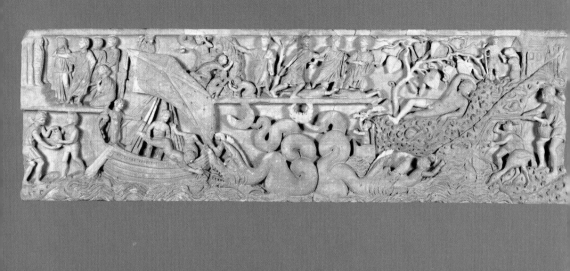

Dann nahmen sie Jona und warfen ihn ins Meer.
Sofort wurde es ruhig.
Der Herr aber ließ einen großen Fisch kommen, der verschlang Jona
(Jona 1,15; 2,1)

Jona wird ins Maul eines Seeungeheuers (Jona 1,15–2,1) geworfen auf dem „Jona-Sarkophag",
um 300 n. Chr., Vatikanische Museen, Museo Pio Cristiano, Inv. 31448.

DER PROPHET JONA

1

DER PROPHET
FLIEHT VOR
SEINEM AUFTRAG
[1,1-3]

Das Wort des Herrn erging an Jona, den Sohn von Amittai, er sagte zu ihm: »Geh nach Ninive, der großen Stadt, und kündige ihr mein Strafgericht an! Ich kann nicht länger mit ansehen, wie böse die Leute dort sind.«

Jona machte sich auf den Weg, aber in die entgegengesetzte Richtung. Er wollte nach Tarschisch in Spanien fliehen, um dem Herrn zu entkommen. In der Hafenstadt Jafo fand er ein Schiff, das dorthin segeln sollte. Er bezahlte das Fahrgeld und stieg ein.

DER HEBRÄER WIRD
VON FREMDEN
SEELEUTEN
BESCHÄMT
[1,4-16]

Da schickte der Herr einen Sturm aufs Meer, der war so heftig, dass das Schiff auseinander zu brechen drohte. Die Seeleute hatten große Angst und jeder schrie zu seinem Gott um Hilfe. Um die Gefahr für das Schiff zu verringern, warfen sie die Ladung ins Meer.

Jona war nach unten gegangen, hatte sich hingelegt und schlief fest. Der Kapitän kam zu ihm herunter und sagte: »Wie kannst du schlafen? Steh auf, rufe zu deinem Gott! Vielleicht hilft er uns und wir müssen nicht untergehen!«

Die Seeleute wollten durch das Los herausfinden, wer an ihrem Unglück schuld sei. Da fiel das Los auf Jona. Sie bestürmten ihn mit Fragen: »Sag uns: Warum sind wir in diese Gefahr geraten? Wer bist du eigentlich? Was für Geschäfte treibst du? Zu welchem Volk gehörst du, wo ist deine Heimat?«

Jona antwortete: »Ich bin ein Hebräer und verehre den Herrn, den Gott des Himmels, der Land und Meer geschaffen hat.«

Er sagte ihnen auch, dass er auf der Flucht vor dem Herrn war. Da bekamen die Männer noch mehr Angst und sie fragten ihn: »Wie konntest du das tun? Was sollen wir jetzt mit dir machen, damit das Meer sich beruhigt und uns verschont?« Denn es war inzwischen noch stürmischer geworden.

Jona sagte: »Werft mich ins Meer, dann wird es sich beruhigen. Ich weiß, dass dieser Sturm nur meinetwegen über euch gekommen ist.«

Die Seeleute machten einen letzten Versuch, durch Rudern das Land zu erreichen; doch sie schafften es nicht, denn der Sturm tobte immer heftiger. Da beteten sie zum Herrn: »Herr, strafe uns nicht, wenn wir diesen Mann jetzt opfern müssen! Rechne uns seinen Tod nicht als Mord an. Es war dein Wille, und alles, was du willst, geschieht.«

Dann nahmen sie Jona und warfen ihn ins Meer. Sofort wurde es ruhig. Da packte sie alle große Furcht vor dem Herrn. Sie schlachteten ein Opfertier für ihn und machten ihm Versprechen für den Fall ihrer Rettung.

EIN GEBET
IN HÖCHSTER NOT
[2,1-11]

2

Der Herr aber ließ einen großen Fisch kommen, der verschlang Jona. Drei Tage und drei Nächte lang war Jona im Bauch des Fisches. Dort betete er zum Herrn, seinem Gott:

»In meiner Not rief ich zu dir, Herr,
und du hast mir geantwortet.
Aus der Tiefe der Totenwelt schrie ich zu dir
und du hast meinen Hilfeschrei vernommen.
Du hattest mich mitten ins Meer geworfen,
die Fluten umgaben mich;
alle deine Wellen und Wogen

Da befahl der Herr dem Fisch, ans Ufer zu schwimmen und Jona wieder auszuspucken (Jona 2,11)

Jona wird ans Ufer geworfen auf dem „Jona-Sarkophag", um 300 n. Chr., Vatikanische Museen, Museo Pio Cristiano, Inv. 31448.

Da ließ Gott, der Herr, eine Rizinusstaude über Jona emporwachsen, die sollte ihm Schatten geben (Jona 4,6)

Jona ruht im Schatten eines Baumes auf dem „Jona-Sarkophag", um 300 n. Chr., Vatikanische Museen, Museo Pio Cristiano, Inv. 31448.

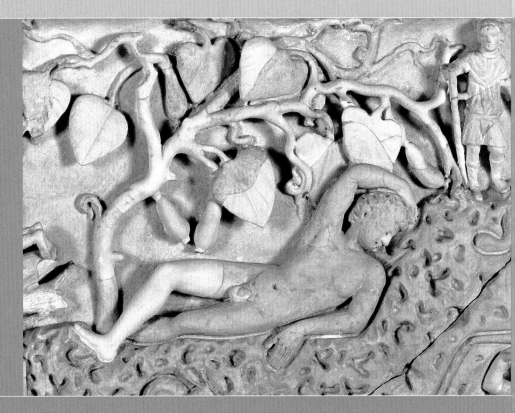

schlugen über mir zusammen.
Ich dachte schon,
du hättest mich aus deiner Nähe verstoßen,
deinen heiligen Tempel würde ich nie mehr sehen.
Das Wasser ging mir bis an die Kehle.
Ich versank im abgrundtiefen Meer,
Schlingpflanzen wanden sich mir um den Kopf.
Ich sank hinunter bis zu den Fundamenten der Berge
und hinter mir schlossen sich die Riegel der Totenwelt.
Aber du, Herr, mein Gott,
hast mich lebendig aus der Grube gezogen.
Als mir die Sinne schwanden, dachte ich an dich
und mein Gebet drang zu dir in deinen heiligen Tempel.
Wer sich auf nichtige Götzen verlässt,
bricht dir die Treue.
Ich aber will dir danken
und dir die Opfer darbringen,
die ich dir versprochen habe;
denn du, Herr, bist mein Retter.«

Da befahl der Herr dem Fisch, ans Ufer zu schwimmen und Jona wieder auszuspucken.

DIE ERFOLGREICHE
BUßPREDIGT
[3,1-10]

Zum zweiten Mal erging das Wort des Herrn an Jona, er sagte zu ihm: »Geh nach Ninive, der großen Stadt, und rufe dort aus, was ich dir auftrage!«
Diesmal gehorchte Jona dem Herrn und ging nach Ninive. Die Stadt war ungeheuer groß; man brauchte drei Tage, um vom einen Ende zum andern zu kommen. Jona ging eine Tagesreise weit in die Stadt hinein, dann stellte er sich hin und rief: »Noch vierzig Tage und Ninive ist ein Trümmerhaufen!«
Die Leute von Ninive setzten ihre Hoffnung auf Gott. Sie beschlossen zu fasten; und alle, Reiche wie Arme, legten zum Zeichen der Reue den Sack an.
Jonas Botschaft war nämlich dem König von Ninive gemeldet worden. Der stieg von seinem Thron, legte den Königsmantel ab, zog den Sack an und setzte sich in die Asche. Er ließ in der ganzen Stadt ausrufen: »Hört den Befehl des Königs und seiner Minister: ›Niemand darf etwas essen oder trinken, weder Mensch noch Rind noch Schaf! Menschen und Vieh sollen den Sack anlegen und laut zu Gott rufen. Alle sollen von ihrem bösen Weg umkehren und aufhören, Unrecht zu tun. Vielleicht lässt Gott sich umstimmen. Vielleicht können wir seinen schweren Zorn besänftigen und er lässt uns am Leben.‹«
Gott sah, dass sie sich von ihrem bösen Treiben abwandten. Da tat es ihm Leid, sie zu vernichten, und er führte seine Drohung nicht aus.

GOTTES
MENSCHENLIEBE
GEHT SEINEM
ERWÄHLTEN
ZU WEIT
[4,1-4]

Das gefiel Jona gar nicht und er wurde zornig. Er sagte: »Ach Herr, genau das habe ich vermutet, als ich noch zu Hause war! Darum wollte ich ja auch nach Spanien fliehen. Ich wusste es doch: Du bist voll Liebe und Erbarmen, du hast Geduld, deine Güte kennt keine Grenzen. Das Unheil, das du androhst, tut dir hinterher Leid. Deshalb nimm mein Leben zurück, Herr! Sterben will ich, das ist besser als weiterleben!«
Aber der Herr fragte ihn: »Hast du ein Recht dazu, so zornig zu sein?«

4 Jona verließ die Stadt in Richtung Osten. In einiger Entfernung hielt er an und machte sich ein Laubdach. Er setzte sich darunter in den Schatten, um zu sehen, was mit der Stadt geschehen würde.

Da ließ Gott, der Herr, eine Rizinusstaude über Jona emporwachsen, die sollte ihm Schatten geben und seinen Ärger vertreiben. Jona freute sich riesig über diese wunderbare Staude. Aber früh am nächsten Morgen schickte Gott einen Wurm. Der nagte den Rizinus an, sodass er verdorrte. Als dann die Sonne aufging, ließ Gott einen heißen Ostwind kommen. Die Sonne brannte Jona auf den Kopf und ihm wurde ganz elend. Er wünschte sich den Tod und sagte: »Sterben will ich, das ist besser als weiterleben!«

Aber Gott fragte ihn: »Hast du ein Recht dazu, wegen dieser Pflanze so zornig zu sein?«

»Doch«, sagte Jona, »mit vollem Recht bin ich zornig und wünsche mir den Tod!«

Da sagte der Herr: »Schau her, du hast diese Staude nicht großgezogen, du hast sie nicht gehegt und gepflegt; sie ist in der einen Nacht gewachsen und in der andern abgestorben. Trotzdem tut sie dir Leid. Und mir sollte nicht diese große Stadt Ninive Leid tun, in der mehr als hundertzwanzigtausend Menschen leben, die rechts und links nicht unterscheiden können, und dazu noch das viele Vieh?«

Die Bibel
und frühchristliche Ikonographie

OBEN
Der Hirt und die Betende bei dem ins Gespräch vertieften verstorbenen Ehepaar
Detail eines Sarkophags „aus der Via Salaria", 275-300 n. Chr.,
Vatikanische Museen, Museo Pio Cristiano, Inv. 31540.

RÜCKSEITE
Die fromme Crispina hält ein aufgeschlagenes Buch mit Christus-Monogramm
Detail eines Sarkophagdeckels, um 350 n. Chr.,
Vatikanische Museen, Museo Pio Cristiano, Inv. 31552.

Ein Rundgang
durch das Museo Pio Cristiano

»*Denn dieser (Hirt Christus) unterwies mich in glaubenswürdigen Schriften...*« Mit diesen Worten von Abercius, der Bischof von Hieropolis in Phrygien (heutige Türkei) in der zweiten Hälfte des 2. Jahrhunderts nach Christus war, beginnt eine ideelle Tour durch die Werke des Museo Pio Cristiano zur Entdeckung der Ausbreitung biblischer Szenen in der frühchristlichen Kunst. Die Lehren des Hirten, der Abercius durch die damaligen christlichen Gemeinden bis nach Rom führt, erschließen sich im Studium der Heiligen Schrift. Abercius' Worte geben wieder, was Paulus seinem Schüler Timotheus sagt, indem er das Evangelium Christi verkündet als *ein wahres Wort, das volles Vertrauen verdient* (1. Timotheus 4,9), ja der Bischof nennt Paulus sogar seinen Reisebegleiter: Er verweist zum einen darauf, dass ein Teil seiner Reise durchs römische Reich den Spuren des Apostels folgt (Paulus kam auf seiner dritten Missionsreise auf dem Weg nach Ephesus durch Hieropolis), zum anderen dass er tatsächlich von dessen Schriften begleitet wird, die ja gegen Ende des 2. Jahrhunderts in der Kirche weit verbreitet waren und Eingang in den jungen Kanon des Neuen Testaments gefunden hatten.

Der Abercius-Grabstein (Seite 72) ist eindeutig datiert und stellt die älteste christliche Inschrift dar. In anderen epigraphischen Beweisen werden ebenfalls Personen aus dem Neuen Testament erwähnt, zum Beispiel Quirinius, der römische Statthalter in Syrien, in dessen Amtszeit Maria und Joseph nach Bethlehem zur Volkszählung des Kaisers Augustus zogen (Lukas 2,1-5), oder die Inschrift des Königs Aretas, zu dessen Regierungszeit Paulus in Damaskus inhaftiert wurde (2. Korinther 11,32).

Der Text des Abercius, der sich als »*Jünger des unschuldigen Hirten*« bezeichnet, erinnert an das bekannte Wort Jesu im Johannes-Evangelium: »*Ich bin der gute Hirt. Ein guter Hirt ist bereit, für seine Schafe zu sterben.*« (Johannes 10,11, vgl. auch Ezechiel 34). Das Bild des Hirten mit einem Schaf auf den Schultern war in der antiken Kunst, zusammen mit anderen Hirtenszenen / ländlichen Szenen, ein beliebtes Motiv. Es stand für positive Themen, am bedeutendsten wohl die *philanthropía*. Die Christen der ersten Jahrhunderte griffen diese naheliegenden Bilder auf, um die neue Botschaft zu vermitteln, dass nämlich Jesus der Gute Hirte sei. So wurden die Bilder und Gedankenwelt des Altertums nicht verachtet oder abgelehnt, sondern positiv gewertet als Vorbereitung auf die christliche Offenbarung - als „Samen des Wortes", die Gott in der antiken Welt verstreut habe, so die frühen Kirchenväter. Es war Aufgabe der Christen, solche Samenkörner zu entdecken und zu offenbaren in einer für uns heute erstaunlichen Auslegungsfreiheit. Da verlieh man dem Hirten das menschliche Antlitz Apollos, des Gottes der Schönheit und der Redekunst, als Echo der Worte, die der Psalmist an den künftigen König Israels richtet: »*Du bist der stattlichste von allen Männern, von deinen Lippen fließen Worte voller Huld; sichtbar ruht Gottes Segen auf dir.*« (Psalm 45,3) - so im berühmtesten Beispiel, dem Stolz des Museo Pio Cristiano (Seite 73).

Ein weiteres Grundmotiv frühchristlicher Ikonographie, das oft neben dem des Guten Hirten steht, ist, das der Orans, der weiblichen „*pietas*" im fließenden Gewand, mit offenen, zum Himmel erhobenen Händen. Auch sie ist dem heidnischen Bildrepertoire entnommen, wo sie die Frömmigkeit (*pietas*) gegenüber den Göttern verkörperte. Die Worte des 23. Psalms scheinen der christlich gedeuteten *pietas* geradezu in den Mund gelegt worden zu sein, wenn sie den wahren Hirten anspricht:

»*Der Herr ist mein Hirt; darum leide ich keine Not. Er bringt mich auf saftige Weiden, lässt mich ruhen am frischen Wasser und gibt mir neue Kraft. Auf sicheren Wegen leitet er mich, dafür bürgt er mit seinem Namen. Und muss ich auch durchs finstere Tal – ich fürchte kein Unheil! Du, Herr, bist ja bei mir; du schützt mich und du führst mich, das macht mir Mut. Vor den Augen meiner Feinde deckst du mir deinen Tisch; festlich nimmst du mich bei dir auf und füllst mir den Becher randvoll. Deine Güte und Liebe umgeben mich an jedem neuen Tag; in deinem Haus darf ich nun bleiben mein Leben lang.*«

Es ist bemerkenswert, dass die christliche Umdeutung dieser zwei heidnischen ikonographischen Themen ihre präziseste und vollkommenste Gestalt bei der Bestattung erreicht, also angesichts des Todes, dem „dunkelsten Tal". Besonders gut zum Ausdruck kommt dies auf einem Sarkophag mit kultiviert-literarischer Aura, der in der Via Salaria gefunden wurde (Seite 66). Da scheint ein verstorbenes Ehepaar über eben jenes an den Hirten gerichtete Gebet aus Psalm 23 zu sinnieren, als hätten es die beiden direkt vor Augen: »*Und muss ich auch durchs finstere Tal – ich fürchte kein Unheil! Du, Herr, bist ja bei mir; du schützt mich und du führst mich, das macht mir Mut.*«

Bald gesellen sich im dritten Jahrhundert zu den biblischen Symbolfiguren auch ganze Szenen mit Geschichten des Alten und Neuen Testaments. Bereits bei diesen frühen Beispielen ist offenkundig, dass beide große Offenbarungsquellen zusammengehören sollen. Der „Jona-Sarkophag" (Seite 60) zeigt die christliche Deutung jener bekannten prophetischen Kurzgeschichte: Für Jesus ist der Prophet Jona das „Zeichen", das seine eigene Auferstehung von den Toten ankündigt (vgl. Matthäus 12,39-40). Weitere „Oster"-Zeichen, die der Sarkophag aufweist, nehmen Bezug auf die Auferstehung des Lazarus (vgl. Johannes 11,41-44) und - ein fast verstecktes aber aufschlussreiches Detail - auf die Sintflut, von der Noah gerettet wird. Der Sarkophag scheint also den paulinischen Gedanken - vielleicht durch die Schriften der Kirchenväter vermittelt - von der Auferstehung Christi als Voraussetzung für das Heil der Christen ins Bild zu setzen: »*Denn wenn wir mit seinem Tod verbunden wurden, dann werden wir auch mit seiner Auferstehung verbunden sein.*« (Römer 6,5). Das Wasser in den beiden alttestamentlichen Szenen und der außerkanonischen Geschichte von Petrus, der die Gefängniswärter tauft, verweist auf die Taufe. Und alle Christen - also auch die Verstorbenen dieses Sarkophags - wissen, dass sie durch die Taufe mit dem Tod und der Auferstehung Christi verbunden sind. Wir erinnern uns, dass die Szenen mit biblischen Geschichten stets von den Symbolfiguren Hirt und Fischer begleitet werden. Die letztere, ebenfalls vorchristlichen Ursprungs, weist auf den Frieden der Meere hin. Die Szenen mit der Gefangennahme Petri und dem taufenden Petrus (auf dem „Jona-Sarkophag" ikonographisch noch unsicher) und der Voraussage des Verrats des Petrus (eine zentrale Szene auf einem anderen eleganten Sarkophag, Seite 44) sind vielleicht auf die Verfolgungserfahrung zurückzuführen. Ihren blutigen Höhepunkt erreichte die Christenverfolgung in der Mitte des dritten Jahrhunderts unter Kaiser Decius. Die große Zahl der Getauften, die ihren Glauben verleugneten, stellte die kirchliche Gemeinschaft auf eine harte Zerreißprobe. Eine weitere Rolle könnte die Frage des Primats der römischen Gemeinde innerhalb der Gemeinschaft der Gesamtkirche, die sie „in der Liebe" leitet, gespielt haben. (Ignatius von Antiochien, *Ad Romanos* 1,1).

Der „Kirchenfriede" nach dem Toleranzedikt des Konstantin von 313 war ein Meilenstein im Leben der christlichen Kirche. Die darauffolgende Ausbreitung des Evangeliums und seine Verankerung in den Institutionen sowie die theologische Blüte im „goldenen Jahrhundert" der Kirchenväter gingen einher mit einer beispiellosen künstlerischen Leidenschaft. Diese und der Bau prächtiger Basiliken verhalfen der christlichen Ikonographie zu einer außerordentlichen Entwicklung. Neben den ursprünglichen Szenen, die inzwischen sehr häufig auf der figürlich dekorierten Front der Sarkophage zu finden waren, drängten sich nun eine erstaunliche Vielzahl biblischer Motive in den Friesen der konstantinischen Sarkophage, wie die Beispiele für diese Publikation (Seiten 74, 75) und viele weitere im Museum zeigen. Bilder des Heilsgeschehens aus dem Alten und Neuen Testament wechseln sich ab: die Opferung Isaaks, die zum Leben erweckten Gebeine bei Ezechiel, Daniel in der Löwengrube, das Weinwunder von Kana, die Brotvermehrung, die Heilung des Blinden und des Gelähmten usw. Das Heilungsmotiv passt gut zur Hoffnung auf ein Weiterleben, die bei allen Grabmonumenten mitschwingt.

Der Zusammenhang der Szenen ist nicht immer ersichtlich, obwohl die Szenen nicht bloß in dekorativer Unordnung aneinandergereiht zu sein scheinen. Vielmehr liegt der Reihenfolge oder der typologischen Gegenüberstellung beider Testamente eine Logik zugrunde, die erst noch verstanden und nachvollzogen werden muss. Zum Beispiel ist schwer zu erkennen, welche Rolle der einzelne Auftraggeber bzw. die Kirche bei der Auswahl der Motive spielte, vor allem im Blick auf die standardisierten Muster, die vermutlich häufig in den Werkstätten der Marmorssteinmetze zu finden waren.

Wir stellen einige der wichtigsten ikonographischen Situationen vor. Auf dem Fries-Sarkophag, Inv. 31542 (Seite 46), folgt dem Verhör Jesu vor dem Obersten Priester (Markus 14,53-65) die Szene von der Verleugnung Petri (14,66-72), die sich zur gleichen Zeit im Innenhof des Palastes abspielt (»*Petrus war noch immer unten im Hof*« Vers 66). Am Sarkophag Inv. 31472 (Seite 75) können wir inmitten einiger Ergänzungen die Gestalt der Eva erkennen (als Gott nach dem Sündenfall zu ihr kommt); sie wendet den Kopf nach rechts zur Szene daneben, wo Christus das Weinwunder zu Kana vollzieht. Vielleicht lässt sich darin eine Typologie der Kirchenväter erkennen, in der Maria als die neue Eva verstanden wird (vgl. z. B. Irenäus, *Adversus Haereses* 5,19). Dieselbe Situation zeigt sich wieder auf dem Sarkophag Inv. 31556 (Seite 74), wo die Verstorbene eine zum Lesen geöffnete Schrift hält und mit Jesus spricht, der seinerseits einen Gelähmten heilt - ein Hinweis auf die lebendige Heilshoffnung der Verstorbenen, für die der Sarkophag gemacht wurde, aber auch ein Hinweis auf das Buch des Evangeliums, in dem dieses „glaubenswürdige" Heilswort für jeden Menschen und zu jeder Zeit aktuell ist.

Die dichte Aneinanderreihung der Szenen bringt interessante Überschreitungen des bestehenden Bildkanons mit sich. Der Sarkophag Inv. 31553 (Seite 74) ist vielleicht das einzigartigste und merkwürdigste Beispiel dafür. Die Geschichte von der Heilung der blutflüssigen Frau ist normalerweise dadurch erkennbar, dass die Frau Jesu Gewand berührt (Markus 5,27) und Jesu Hand auf ihrem Kopf ruht. Wegen der Enge, die in der Szene herrscht, fehlt hier jedoch die Jesusgestalt, dafür berührt sie den Mantel eines anderen zur Linken, nämlich den eines Apostels bei der Speisung der Fünftausend, während ihr Kopf von Gottes Hand berührt wird, der rechts, neben Adam und Eva, erscheint. Der Betrachter aus dem vierten Jahrhundert konnte die Szene durch den „Verständnisschlüssel" der beiden „kanonischen" Gesten sofort verstehen und die Heilungsgeschichte aus dem Evangelium erkennen.

Größere und spektakulärere zweizonige Fries-Sarkophage (und zwar mit doppelten übereinandergelagerten Bändern / Friesen) folgen in der Ausstellung, darunter die herausragenden Sarkophage „der zwei Testamente" (Seite 76) und „der zwei Brüder" (Seite 77). Beide Sarkophage sind Meisterwerke der frühchristlichen Bestattungskunst und gehören zum Kernbestand des Museo Pio Cristiano. Sie bezeugen die weit verbreitete Kenntnis der Bibel und der Schriften der Kirchenväter und den kulturellen Reichtum der christlichen Gemeinde im Rom der ersten Hälfte des vierten Jahrhunderts. Das gilt insbesondere für den Sarkophag „der zwei Testamente", der wegen seines ikonographischen und theologischen Reichtums auch „der dogmatische" genannt wird. Dieser im zweiten Viertel des vierten Jahrhunderts gemeißelte Sarkophag scheint ein Widerhall des ersten ökumenischen Konzils von Nizäa (325) und des Symbols des Glaubens an den dreifaltigen Gott (Glaubensbekenntnis) zu sein. Dieser Sarkophag weist die älteste bekannte Darstellung der göttlichen Dreifaltigkeit auf: drei identische Männer zum Zeitpunkt der Schöpfung - fast eine wortwörtliche Darstellung des Konzilstextes. In der Mitte ist der Vater, der Schöpfer, auf dem Thron zu erkennen, sein rechter Arm im Redegestus (erhoben) (vgl. 1. Mose/Genesis 1,3). Diese Geste setzt sich wunderbar fort im Arm des Sohnes/Wortes, »*Denn in ihm ist alles erschaffen worden*« (Kolosser 1,16, der Eckstein des Nizänischen Glaubensbekenntnisses), der Eva aus dem liegenden Adam zieht. Die Figur des Geistes auf der linken Seite hingegen ist weniger profiliert (als im Konzilstext) und gleicht der Prophetengestalt in der Szene der Epiphanie im unteren Register. Tatsächlich »*sprach der Geist durch die Propheten*«, wie das Konzil von Konstantinopel (381) später den Nizänischen Text ergänzte, womit eine Theologie bestätigt wurde, die bereits von früheren Kirchenvätern entworfen worden war. Schließlich „enthüllt" die Epiphanie allen Menschen die Geburt des Gottessohnes auf Erden: er ist der „neue Adam", geboren von Maria, der „neuen Eva", herabgestiegen auf die Erde, um Gottes Schöpfungsplan, von der Sünde gefährdet, zu vollenden. Wieder einmal scheinen die in der Darstellung herausstechenden Parallelen zwischen den beiden Testamenten für die Christenheit der ersten Jahrhunderte ein geläufiges Konzept zu sein, demzufolge »*die dem sogenannten Alten und Neuen Testament gemeinsamen Glaubenssätze miteinander harmonieren*« (Origines, *In Iohannem* 5,8).

Zweizonige Sarkophage weisen dieselbe drangvolle Enge auf wie auf Fries-Sarkophagen. Manchen biblischen Szenen wurde ein fester Platz zugewiesen, so die Übergabe des Gesetzes an Mose und Isaaks Opferung, die links und rechts des zentralen Clipeus, der das Bildnis der Verstorbenen zeigte, platziert wurden. Die göttliche Hand beider Szenen erscheint immer im Winkel zwischen Kreis und oberer Sarkophag-Umrandung. In der Opferungsszene kommt manchmal zur göttlichen Hand, die Abrahams Messer-Hand zurückhält, ein Engel mit menschlichen Zügen hinzu, der den anderen Arm des Patriarchen festhält. Was wie eine Doppelung aussieht, ist in Wirklichkeit der Versuch, uns konkreter an den biblischen Text zu erinnern, wonach Gottes Heilswillen durch das Erscheinen eines Engels offenbart wird (vgl. 1. Mose/Genesis 22,11-15).

Neue Darstellungen der Szenen aus den Evangelien vom Leben Jesu weisen besonders auf die Ostergeschichte, den Mittelpunkt des christlichen Glaubens. Auf manchen Sarkophagen aus der ersten Hälfte des vierten Jahrhunderts (Seite 78) erscheint eine alte symbolhafte Darstellung der Auferstehung Jesu: die Siegesfahne, die das Kreuz mit dem Christus-Monogramm verbindet. Dieses Symbol - die „*Anástasis*", griechisch für „Auferstehung" - wird von Bildern der Leidensgeschichte oder anderen biblischen Szenen begleitet. Auf einem Sarkophag mit *Anástasis*, der unter der Vatikansbasilika gefunden wurde, inzwischen aber verloren gegangen ist, zeigt sich zum ersten Mal die Szene der frommen Frauen am offenen Grab am Ostermorgen (Seite 54). Diese Szene wurde in der Ikonographie der Ostkirchen das Hauptmotiv der Auferstehung Christi, neben dem Aufenthalt Christi im Totenreich.

In der zweiten Hälfte des vierten Jahrhunderts wächst der christliche Einfluss und es entstehen prunkvoll ausgeschmückte Basiliken. In dieser Zeit halten triumphale oder apokalyptische Bilder auf den Sarkophagen Einzug. Christus erscheint mit kaiserlichen Zügen, die Jünger als Höflinge. Unter den Szenen der neuen Bilderwelt ist die „*Traditio Legis*" (Übergabe des Gesetzes) die bedeutendste: Im Himmel überreicht Jesus auf einem Berg, dem vier Flüsse entspringen, Petrus - gelegentlich auch Paulus - in der Gegenwart des jeweils anderen Apostels eine Schriftrolle (Seite 79). Dieses „Gesetz" entspricht dem „neuen Bund", des „neuen Mose" Christus und ruft das „neue Gebot" der Liebe hervor, das das „alte Gesetz" erfüllt und vollendet. Dies wird offenbar, indem Jesus die Füße seiner Jünger wäscht (Johannes 13,1-17) - eine Szene, die auf dem Sarkophag Inv. 31487 (Seite 79) zu sehen ist. Auf den Sarkophagen dieses Typs stechen zwei Szenen aus dem Leben Jesu, die der Stimmung der *Traditio Legis* nahe stehen, besonders hervor: der triumphale Einzug Jesu in Jerusalem und die Begegnung Jesu mit dem zaudernden Pilatus, bei dem sich Jesus, von einem Soldaten begleitet, als der wahre König erweist.

Die Szene vom Einzug in Jerusalem erscheint in einer anderen Typologie von Sarkophagen des späten vierten Jahrhunderts, benannt nach der zentralen Darstellung der Heilung des Gelähmten am Teich Betesda (Johannes 5,1-18, vgl. Seite 80). Sie weisen den kostbaren architektonischen Hintergrund auf, der typisch ist für das Zeitalter Theodosius' des Großen (375-395). Die Gestalt Christi erscheint vergrößert, während der figurative „Text" vielfältiger und mit Vignetten erscheint, die an die Buchmalerei erinnern.

Die Vorherrschaft triumphaler oder symbolischer Szenen in dieser späteren Zeit schränkt die Präsenz und Verbreitung biblischer Szenen nicht ein. Diese sind breiter und detaillierter, bis hin zum außergewöhnlichen Fall der Sarkophage „von der Rettung am Schilfmeer" (2. Mose/Exodus 14,5-31), die auf der Front nur noch eine einzige biblische Geschichte aufweisen. Das Museo Pio Cristiano hat lediglich ein Beispiel (Seite 81), sehr bemerkenswert und unversehrt, mit dem in spätantiken Handschriften beliebten Schlachtenmotiv, wo das Heer des Pharao aus der Stadt zieht und den Israeliten hinterher jagt. Dem folgt das tragische Versinken der Reiter, Rosse und Wagen im Meer, welches sich durch den Stab wieder schließt, den Gott Mose gegeben hat. Der Stab als Zeichen göttlichen Eingreifens und Mittelpunkt der ganzen Szene stellt leider das einzige verloren gegangene Detail dar. Auf der rechten Seite ruht das gerettete Volk (einzige Ausnahme: das Kind, das sich angesichts der schrecklichen Ereignisse ängstlich an den Vater klammert) während Mirjam die Handpauke schlägt (2. Mose/Exodus 15,20-21). Im Hintergrund sehen wir eine Feuersäule und die Silhouette einer Stadt als Vorwegnahme der noch zu erreichenden verheißenen Stadt (Jerusalem), ein Detail von großer Bedeutung. Die Szene ist voller christologischer, österlicher und eschatologischer Implikationen.

Die Ausstellung im Museo Pio Cristiano schließt mit einer Auswahl von Fragmenten, die mit zwei in der frühchristlichen Kunst häufig vorkommenden biblischen Szenen dekoriert sind: die Jünglinge im Feuerofen (Daniel 3,1-33, vgl. Seite 82) und die Anbetung der Könige (Matthäus 2,1-12, vgl. Seiten 83, 84). Oft sind beide Szenen auf den Flächen der Sarkophagdeckel zu sehen; ausgestellt sind einige Beispiele, bei denen die Sarkophage selbst nicht mehr vorhanden sind. Beide Geschichten hatten ihre aktuellen Bezüge: die Glaubenstreue in der Zeit der Verfolgung (die Jünglinge, die den Götzen nicht anbeten wollen und durch göttliches Eingreifen vom Feuertod bewahrt werden) oder die Verbreitung des Glaubens unter den Heiden (die Weisen aus dem Morgenland, denen das Heil offenbart wird).

»*Wir finden die Gründe für den Glauben an die Auferstehung von den Toten in der Auferstehung unseres Herrn. Er, der Lazarus, seit vier Tagen tot, erweckte und ebenso die Tochter des Jairus und den Sohn der Witwe, ist selbst auch am dritten Tag vom Tod auferstanden auf Geheiß des Vaters - er ist das Faustpfand unserer eigenen Auferstehung. Er, auf dessen Geheiß Jona am dritten Tag unversehrt den Bauch des Fisches verließ, die drei Jünglinge dem Feuerofen Babylons und Daniel der Löwengrube entkamen, hat auch die Macht, uns vom Tod zu erwecken!*« Die Worte der Apostolischen Konstitution (5,7), ein christlicher Text des späten vierten Jahrhunderts, stellen einen sicheren Verständnisschlüssel für die aufgeführten Bilder dar. Die Szenen sind ein Widerhall der Zeilen aus jener Zeit, die Papst Damasus († 384) für seine Grabinschrift verfasst hat, fast zweihundert Jahre nach dem Abercius-Epitaph: »*Er, der auf dem Meer gehend die brausenden Wellen beruhigte, der die toten Samen in der Erde zum Leben erweckt, der die Ketten des Todes lösen und nach der Dunkelheit, nach drei Tagen, der Schwester Marta den Bruder lebend zurückgeben konnte - er, so glaube ich, wird Damasus vom Staub wieder erwecken.*« Indem sie biblische Geschichten mit der Hoffnung auf ein Leben nach dem Tode verbanden, zeigten die Gläubigen, für die diese Grabmonumente errichtet wurden, dass sie mit der Heiligen Schrift vertraut waren. Eine solche Vertrautheit den Christen unserer Zeit ans Herz zu legen, war das Ziel der Konstitution „*Dei Verbum*" (vgl. DV 25). Auf diese Weise hat sie auch bestätigt, wie außerordentlich aktuell jene Bilder der ersten Geschwister im Glauben sind, die aus einer Zeit kommen, in der die Kirche noch ungeteilt war.

Umberto Utro
Kurator der Abteilung für altchristliche Kunst
der Vatikanischen Museen

Die Grabinschrift des Abercius

Anfang 3. Jh., Vatikanische Museen, Museo Pio Cristiano, Inv. 31643.

Eine Heiligenlegende des vierten Jahrhunderts erzählt von Abercius, Bischof von Hieropolis in Phrygien zur Zeit des Kaisers Mark Aurel († 216). In Handschriften des Mittelalters als griechischer Text in Versen überliefert, wurde sie für unhistorisch gehalten. 1883 fand jedoch der schottische Archäologe William Ramsay in den Mauern der Thermen des antiken Hieropolis zwei Originalfragmente dieses Epitaphs, deren Wortlaut mit dem der bekannten Legende völlig übereinstimmte. Die Abercius- Inschrift, deren Fragmente später Papst Leo XIII geschenkt wurden, gilt heute als die älteste bekannte sicher datierte christliche Inschrift. Bemerkenswert sind die verschiedenen Bezüge zu biblischen Inhalten, darüber hinaus die ausdrückliche Erwähnung der Schrift als „vertrauenswürdig" und des Paulus als „Wegbegleiter" des Abercius.

Übersetzung [in Klammern die ergänzten Zeilen]:
[Als Bürger einer berühmten Stadt, habe ich dieses Grabmal zu Lebzeiten gebaut, um einen Ruheplatz für meinen Leib zu haben. Abercius mit Namen, bin ich ein Jünger des unschuldigen Hirten, der Schafherden auf Bergen und Ebenen weidet, der große Augen hat, welche von oben überall hin sehen. Denn dieser Hirt lehrte mich vertrauenswürdige Schriften.] Er hat mich nach Rom gesandt, um das Reich zu bewundern und die Königin mit goldenem Gewand und goldenen Schuhen zu sehen. Dort habe ich auch das Volk mit dem glänzenden Siegel gesehen. Auch habe ich die syrische Ebene und alle Städte gesehen, den Euphrat überschreitend auch Nisibis. Überall fand ich Glaubensgeschwister, Paulus war mein Wegbegleiter. Überall führte mich der Glaube und überall gab er mir als Nahrung den Fisch aus der Quelle, mächtig und rein, den die unbefleckte Jungfrau fing. Den gab sie den Freunden fortwährend jeden Tag zu essen, [dazu den süßen Wein im Becher mit Brot gemischt. Diese Dinge habe ich, Abercius, danebenstehend befohlen zu schreiben. Wahrlich, ich war im 72. Lebensjahr. Möge der, der dies versteht und glaubt, für Abercius beten. Aber niemand darf einen anderen in meine Grabstätte (hin)legen, und falls doch, soll er der römischen Staatskasse 2000 Goldstücke bezahlen und meiner geliebten Vaterstadt Hieropolis 1000 Goldstücke.]

Die Statuette des guten Hirten

Anfang 4. Jh., Vatikanische Museen,
Museo Pio Cristiano, Inv. 28590.

Die berühmte Statuette des guten Hirten
ist in Wahrheit ein im 18. Jahrhundert als
Vollrelief ergänztes Sarkophagfragment
mit hinzugefügten Beinen und Armteilen.
Das Motiv des guten Hirten mit dem Lamm
auf den Schultern wurde in der Spätantike sehr häufig zur Dekoration der Sarkophagfront verwendet,
wie der später datierte Sarkophag neben der Statuette zeigt. Zweifellos sahen Christen darin Jesus,
den guten Hirten des Evangeliums, erkennbar am
idealisierten Gesicht des sogenannten apollyni-
schen Porträts.

Fries-Sarkophage mit biblischen Szenen

Erste Jahrzehnte – Mitte 4. Jh., Vatikanische Museen, Museo Pio Cristiano.

[inv. 31553] Opfer Isaaks (1. Mose/Genesis 22,1-19); Heilung eines Blinden (Markus 8,22-26; 10,46-52 und Parallelen) Heilung eines Gelähmten (Markus 2,1-12 und Parallelen); Brotvermehrung (Markus 6,30-44; 8,1-10 und Parallelen); Heilung der blutflüssigen Frau (Markus 5,25-34 und Parallelen); Gott erscheint Adam und Eva nach dem Sündenfall (Genesis 3,8-13); Ezechiel und die wieder ins Leben erweckten Gebeine (Ezechiel 37,1-14).

[inv. 31556] Gott empfängt die Opfer von Kain und Abel (1. Mose/Genesis 4,3-5); Gott erscheint Adam und Eva nach dem Sündenfall (1. Mose/Genesis 3,8-13); Die Verstorbene in nachdenklicher Haltung; Heilung eines Gelähmten (Markus 2,1-12 und Parallelen); Heilung eines Blinden (Markus 8,22-26; 10,46-52 und Parallelen); Weinwunder von Kana (Johannes 2,6-8); Lazaruserweckung (Johannes 11,38-44).

[inv. 31509] FRONT: Petrus tauft die Gefängniswärter (apokryphe Akten des Petrus);
Petri Gefangennahme (apokryphe Akten des Petrus); Weinwunder von Kana (Johannes 2,6-8);
Orant weiblich; Heilung eines Blinden (Markus 8,22-26; 10,46-52 und Parallelen);
Brotvermehrung (Markus 6,30-44; 8,1-10 und Parallelen); Lazaruserweckung (Johannes 11,38-44).
DECKELFRONT: Weibliche Büste (restauriert) im Schleierrahmen, von geflügelten Geistern getragen,
flankiert von zwei Jägern mit Hase; Plakette mit Grabinschrift; Wildschweinjagd.

[inv. 31472] Gott erscheint Adam und Eva nach dem Sündenfall (1. Mose/Genesis 3,8-13);
Weinwunder von Kana (Johannes 2,6-8); Heilung eines Blinden (Markus 8,22-26; 10,46-52 und Parallelen);
Ezechiel und die Gebeine (Ezechiel 37,1-14); Vorraussage der Verleugnung Petri (Markus 14,26-31
und Parallelen); Heilung eines Gelähmten (Markus 2,1-12 und Parallelen); Opferung des Isaak
(1. Mose/Genesis 22,1-19); Petri Gefangennahme (apokryphe Akten des Petrus);
Petrus tauft die Gefängniswärter (apokryphe Akten des Petrus).

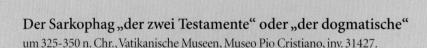

Der Sarkophag „der zwei Testamente" oder „der dogmatische"

um 325-350 n. Chr., Vatikanische Museen, Museo Pio Cristiano, inv. 31427.

OBERES REGISTER: Erschaffung Evas (1. Mose/Genesis 2,18-25);
Gott gibt Adam und Eva die Symbole der Arbeit (1. Mose 3,17-23);
Kreis (Clipeus) mit Büsten eines verstorbenen Ehepaars
mit undefinierten Gesichtern; Weinwunder von Kana (Johannes 2,6-8);
Brotvermehrung (Markus 6,30-44; 8,1-10 und Parallelen);
Lazaruserweckung (Johannes 11,38-44).

UNTERES REGISTER: Anbetung der Weisen (Matthäus 2,9-11);
Heilung eines Blinden (Markus 8,22-26; 10,46-52 und Parallelen);
Daniel in der Löwengrube, zwischen König Kyrus und Habakuk,
vom Engel gehalten (Zusätze Daniel C 31-42);
Vorraussage der Verleugnung Petri (Markus 14,26-31 und Parallelen);
Petrus im Gefängnis (apokryphe Akten des Petrus);
Petrus tauft die Gefängniswärter (apokryphe Akten des Petrus).

Sarkophag „der zwei Brüder"

um 325-350 n. Chr., Vatikanische Museen, Museo Pio Cristiano, inv. 31543.

Oberes Register: Lazaruserweckung (Johannes 11,38-44);
Vorraussage der Verleugnung Petri (Markus 14,26-31 und Parallelen);
Mose empfängt das Gesetz (2. Mose/Exodus 9,3; 31,18);
Muschel mit den Porträts der Verstorbenen; Opferung des Isaak
(1. Mose/Genesis 22,1-19); Pilatus wäscht seine Hände (Matthäus 27,24-25).

Unteres Register: Petrus tauft die Gefängniswärter (apokryphe Akten des Petrus); Petri Gefangennahme (apokryphe Akten des Petrus);
Daniel in der Löwengrube mit Habakuk (Zusätze Daniel C 31-42);
Petrus predigt den getauften Gefängniswärtern (apokryphe Akten des Petrus);
Heilung eines Blinden (Markus 8,22-26; 10,46-52 und Parallelen);
Brotvermehrung (Markus 6,30-44; 8,1-10 und Parallelen).

Sarkophage „der Leidensgeschichte" oder „der Auferstehung"

um 325-350 n. Chr., Vatikanische Museen, Museo Pio Cristiano.

[inv. 28591] Kain und Abel opfern (1. Mose/Genesis 4,3-5); Petri Gefangennahme (apokryphe Akten des Petrus); Auferstehung (*Anástasis*): Kreuz mit darüber liegendem Christusmonogramm in einer Krone; mit Tauben, die Früchte fressen, welche über zwei besiegten Soldaten hängen - Symbolbild für die Auferstehung Christi; Märtyrertod des Paulus (apokryphe Akten des Paulus); Ijob „geduldig" mit Frau und Freund (Ijob 2,7-13).

[inv. 31525] Simon von Zyrene trägt das Kreuz (Markus 15,21 und Parallelen); Christus mit Dornenkrone; Auferstehung (*Anástasis*): Kreuz mit darüber liegendem Christusmonogramm in einer Krone; mit Tauben, die Früchte fressen, welche über zwei besiegten Soldaten hängen - Symbolbild für die Auferstehung Christi; Christus vor Pilatus (Markus 15,1-15 und Parallelen).

Sarkophage „der *Traditio Legis*"

Ende 4. Jh., Vatikanische Museen, Museo Pio Cristiano.

[inv. 31487] Jesus wäscht die Füße seiner Jünger (Johannes 13,1-20);
Märtyrertod des Petrus (apokryphe Akten des Petrus); Christus übergibt Petrus
im Beisein des Paulus das neue Gesetz (*Traditio Legis* ist ein apokalyptisch inspiriertes Thema);
Christus vor Pilatus (Markus 15,1-15 und Parallelen).

[inv. 31486] VORDERSEITE: Jesus zieht in Jerusalem ein (Markus 11,1-11 und Parallelen);
Christus übergibt Petrus im Beisein des Paulus das neue Gesetz (*Traditio Legis*
ist ein apokalyptisch inspiriertes Thema); Christus vor Pilatus (Markus 15,1-15 und Parallelen);
DECKELVORDERSEITE: Die drei Jünglinge im Feuerofen und Nebukadnezzars Götzenbild
(Daniel 3,1-33); Plakette ohne Inschrift, von zwei Geistern getragen;
Anbetung der Weisen und der Hirten (Matthäus 2,1-12 und Lukas 2,16).

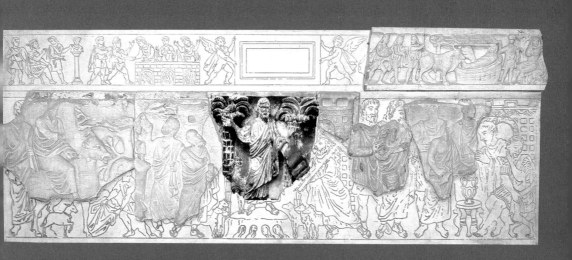

Sarkophag mit der Heilung am Teich Betesda (Johannes 5,1-18)
um 375-400 n. Chr., Vatikanische Museen, Museo Pio Cristiano.

Heilung zweier Blinder (Matthäus 9,27-31); Heilung der kranken Frau
(Markus 5,25-34 und Parallelen); Heilung des Gelähmten am Teich Betesda:
Jesus, von zwei Aposteln begleitet, spricht den neben einer Säule am stilisierten
Teich liegenden Gelähmten an; darüber Darstellung des Wunders;
Jesus zieht in Jerusalem ein (Markus 11,1-11 und Parallelen).

Sarkophag mit dem Durchzug durch das Rote Meer

(2. Mose/Exodus 14,5-21)

um 375-400 n. Chr., Vatikanische Museen, Museo Pio Cristiano, Inv. 31434.

Durchzug durch das Rote Meer. Von Links: ägyptisches Heer von Pharao auf Streitwagen geführt; Reiter stürzen ins Meer, das durch Moses Stab (verloren) zurückströmt; das gerettete Volk Israel wird von einer Feuersäule geleitet; städtischer Hintergrund, mit der verheißenen Stadt Jerusalem identifizierbar.

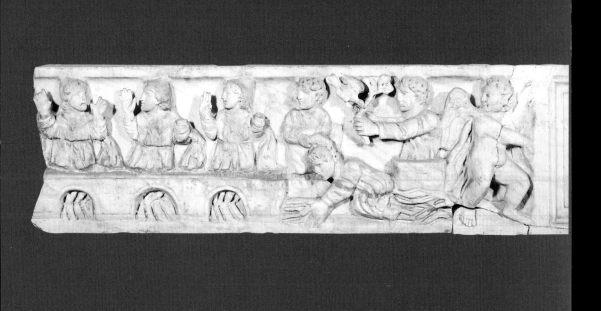

Fronten und Fragmente von Sarkophagen mit den drei Jünglingen im Feuerofen

Erste Jahrzehnte 4. Jh., Vatikanische Museen, Museo Pio Cristiano.

[inv. 31541] Detail eines Sarkophagdeckels
mit den drei Jünglingen im Feuerofen (Daniel 3,1-33).

[inv. 31471] Noach empfängt in der Arche die zurückgekehrte Taube
(1. Mose/Genesis 8,11); die drei Jünglinge im Feuerofen (Daniel 3,1-33).

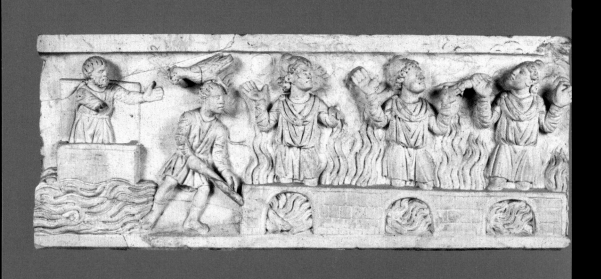

Fronten und Fragmente von Sarkophagen mit der Geburt Christi und der Epiphanie

4. Jh., Vatikanische Museen, Museo Pio Cristiano.

[inv. 31450] Ezechiel und die wieder ins Leben erweckten Gebeine (Ezechiel 37,1-14); Anbetung der Weisen (Matthäus 2,1-12).

[inv. 31563] Fragment aus einem Sarkophagdeckel mit der Geburt Jesu (Lukas 2,7).

Fronten und Fragmente von Sarkophagen mit der Geburt Christi und der Epiphanie

4. Jh., Vatikanische Museen, Museo Pio Cristiano.

[inv. 31459] Anbetung der Weisen (Matthäus 2,1-12);
Daniel in der Löwengrube (Daniel 6,17-25).

[inv. 31533] Detail eines Sarkophagdeckels
mit der Anbetung der Weisen (Matthäus 2,1-12).